图解论语

[春秋]孔子◎著
思履◎注

中国華僑出版社
·北京·

图书在版编目（CIP）数据

图解论语 /（春秋）孔子著；思履注. —北京：中国华侨出版社，2016.11（2025.5重印）

ISBN 978-7-5113-6427-2

Ⅰ. ①图…　Ⅱ. ①孔…②思…　Ⅲ. ①儒家②《论语》—图解　Ⅳ. ①B222.2-64

中国版本图书馆CIP数据核字（2016）第253001号

图解论语

著　　者：[春秋]孔子
注　　者：思　履
责任编辑：唐崇杰
封面设计：阳春白雪
经　　销：新华书店
开　　本：720毫米×1040毫米　1/16　印张：18　字数：280千字
印　　刷：三河市京兰印务有限公司
版　　次：2017年6月第1版
印　　次：2025年5月第2次印刷
书　　号：ISBN 978-7-5113-6427-2
定　　价：65.00 元

中国华侨出版社　北京市朝阳区西坝河东里77号楼底商5号　邮编：100028
发 行 部：（010）88866779　传　真：（010）88877396

前言

在漫长的中国古代社会中，《论语》成了中国社会的“圣经”，大到齐家、治国、平天下，小到个人的待人接物、一言一行，都在它的规范之中。要想了解中国的历史文化，就不能不读《论语》。

《论语》一书蕴含的博大而深厚的思想是可以穿越时空的，时至今日仍然闪耀着智慧的光芒。现代社会出现的新问题，层出不穷的新思潮，都不能掩盖《论语》的光辉；相反，却一遍又一遍验证着它的普世与超越。

《论语》是中国最早的语录体著作。书中记录的大部分是孔子和弟子的对话，也有其弟子们的对话，全书共二十篇。在中国古代传统文化中，《论语》的地位非常高，影响非常大。到了东汉时期，《论语》已被列入经书之列，成为学者必读之书，对其研究成为一种专门学问，后代学者对其注疏者不计其数。宋代大儒朱熹视《论语》为经典中的经典，并作《四书章句集注》，成为当时及后代士子的修身圭臬。北宋政治家赵普曾有 “半部《论语》治天下”之说。它从一个侧面反映出此书在中国古代社会所发挥的作用与影响之大。

作为一部优秀的语录体散文集，《论语》以言简意赅、含蓄隽永的语言，记述了孔子的言论。书中所记孔子循循善诱的教诲之言，或简单应答，点到即止；或启发论辩，侃侃而谈；富于变化，娓娓动人。其中有许多言论至今仍被世人视为至理名言。

对于每一个中国传统文化的爱好者、学者，以及每一个想求得生命升华的中国人来说，《论语》都是一部必读之书。大家纷纷从古人的智慧中寻求心灵的升华、情感的依归和生命的价值，从“至圣先师”的名言中探求生活的真谛。

本书几乎囊括了《论语》全篇原文，只对个别重复的句段，不合现今时代潮流的句段进行了适当删减，对原文进行全文的解读。

本书的另一大特点是为精华文字配了精美而生动的图画，这些图画都起到以图解文的作用，再现当年孔子和弟子们对话的感人情景，使读者在阅读本书时，不仅能够得到前所未有的深入理解，而且能得到轻松而高雅的阅读享受。

目录

学而篇第一

子曰[1]：“学而时习之[2]，不亦说乎[3]？有朋自远方来，不亦乐乎[4]？人不知而不愠[5]，不亦君子乎[6]？”

题解

孔子向弟子阐释学习之道和为人之道。

这是《论语》第一篇的第一章，本章开宗明义，概括了孔子人生理想的三个方面，实际上也是所有人人生的三个要务：人要学习，以至终身学习，以学习为快事；人要交友处世，以人和为乐事；人要自知自立，不奢求于外。人不学不知道，但学习之后不代表就掌握了，还要按时去温习和巩固，这样才能做到学而有知。有知之后，再与朋友相互切磋，把学习中遇到的难题或新收获与他人共同分析、分享，自是人生快事。即使自己不被他人了解、不被他人器重，却依然能够安贫乐道，不心生怨尤，这不正是君子的作风吗？虽然这一段只有这看似简单的三句话，却表达了孔子对前来向他学习的弟子的欢迎之意，又表明自己授业内容的总括——学习之道和交友之道以及儒家提倡的君子之道。

注释

①子：中国古代对有学问、有地位的男子的尊称。《论语》中“子曰”的“子”是指孔子。②习：“习”字的本意是鸟儿练习飞翔，在这里是温习和练习的意思。③说（yuè）：通“悦”，高兴、愉快的意思。④乐（lè）：快乐。⑤愠（yùn）：怒，怨恨，不满。⑥君子：《论语》中的“君子”指道德修养高的人，即“有德者”；有时又指

“有位者”，即职位高的人。这里指“有德者”。

译文

孔子说：“学到的东西按时去温习和练习，不也很高兴吗？有朋友从很远的地方来，不也很快乐吗？他人不了解自己，自己却不生气，不也是一位有修养的君子吗？”

有子曰[①]：“其为人也孝弟[②]，而好犯上者，鲜矣[③]；不好犯上，而好作乱者，未之有也[④]。君子务本，本立而道生。孝弟也者，其为仁之本与[⑤]！”

题解

有子认为，恪守孝悌是“仁”道之本。

孝、弟（悌），是中国传统社会要求子女对父母、弟弟对兄长持有的正确态度。如此，可以防止犯上作乱的行为。这便是孝道的社会政治意义。自春秋、战国以后的每个朝代，都继承了孔子的孝悌学说，主张“以孝治天下”。从重亲情扩大到有利于社会秩序的规范，这是有借鉴意义的。孔子重视个人与社会之间的和谐，强调以礼来建构社会伦理秩序。在这个秩序中，仁是其根本，而仁的根本又在于孝悌，是从懂得珍惜自己身边的亲人做起的，也就是俗语所说的“百善孝为先”。有了对父母的孝和对兄弟的友爱，然后推己及人，从而建立起父子、君臣、夫妇、长幼、朋友等对应的关系秩序，达成社会的整体和谐。一个懂得孝和敬的人，自然会在社会中安分守己，不会去做逆反的事情。

注释

①有子：孔子的学生，姓有，名若。在《论语》中，孔子的学生一般都称字，只有曾参和有若称“子”。②弟（tì）：通“悌”，敬爱兄长。③鲜（xiǎn）：少。④未之

有也："未有之也"的倒装句，意思是没有这种人。⑤与：即"欤"字，表示疑问的助词。《论语》中的"欤"字皆作"与"。

译文

有子说："那种孝顺父母、敬爱兄长的人，却喜欢触犯上级，是很少见的；不喜欢触犯上级却喜欢作乱的人，更是从来没有的。有德行的人总是力求抓住这个根本，根本建立了便产生了仁道。孝敬父母、敬爱兄长，大概便是仁道的根本吧！"

子曰："巧言令色①，鲜矣仁②！"

题解

花言巧语者，一定是为人处世不讲原则、表面讨好他人，实际只图达到个人目的的人。这种人，孔子是一贯不喜的。孔子注重人的实际行动，强调人应当言行一致，力戒空谈巧言、心口不一。这种质朴精神和本色的态度，是中国传统道德中的精华内容。巧言令色的人往往轻薄不务实，一味追求外在的悦人而不去修养内心的仁德，戴着伪善的面具混迹在人群之中，摇唇鼓舌，惑乱人心，使人上当受骗。明末著名思想家顾炎武曾在《日知录》中归纳出天下两种最不仁的人，其一是好犯上作乱的人，其二便是巧言令色的人。孔子一生周游列国，识人无数，所以总结出这样的人"鲜矣仁"。

注释

①巧言令色：巧，好；令，善。巧言令色，即满口说着讨人喜欢的话，装出讨人喜欢的脸色。②鲜：少的意思。

译文

孔子说："花言巧语，伪装出一副和善的面孔，这种人是很少有仁德的。"

曾子曰①："吾日三省吾身②：为人谋而不忠乎？与朋友交而不信乎？传不习乎③？"

题解

曾子认为，躬身自省是不断完善自我的有效方法。

曾参在孔门中以注重修身著称，他提出了“反省内求”的修养方法，不断检查自己的言行，以使自己修养成完美的人格。这种自省的道德修养方式在今天也是令人改过迁善的最有效的方法。曾参还提出了“忠”和“信”的做人标准：“忠”的特点是一个“尽”字，即办事尽心尽力；“信”是信任和信用，表现为诚实不欺，说真话，说话算数。这是一个人立身处世的基石。在纷纭的世道中，天下人熙熙攘攘皆为利来利往，如何才能保持真我，保持沉着的心态呢？曾子告诉我们，要不断审视和反省自身，一天之内要多次问问自己：是否不为自己的私利，做到与人忠信？与朋友交往，是否做到诚信不欺诈？老师传授的功课是否温习过？曾子坚持“一日三省”，在纷纷扰扰的春秋末期做到了精心修业，成为孔子学说的传道人之一。

注释

①曾子：孔子晚年的学生，名参（shēn），字子舆，生于公元前505年，鲁国人，是被鲁国灭亡了的鄫国贵族的后代。曾参是孔子的得意门生，以孝著称，据说《孝经》就是他撰写的。②三省（xǐng）：多次反省。③传：老师讲授的功课。

译文

曾参说：“我每天多次反省自己：替他人办事是不是尽心竭力了呢？与朋友交往是不是诚实守信了呢？对老师传授的功课，是不是用心复习了呢？”

子曰：“道千乘之国①，敬事而信②，节用而爱人③，使民以时④。”

题解

这段话反映了孔子的政治主张。他提出了五条关于治理国家的基本原则：敬事、取信于民、节用、爱人、使民以时，即要求国家管理者严肃认真地办理各方面事务，恪守信用；节约用度，爱护人民；役使百姓应注意不误农时等。

孔子向弟子们阐释治理大国的施政要点。

宋代理学家朱熹在《论语集注》中说："言治国之要，此五者，亦务本之意。"在孔子生活的时代，西周初年建立的宗法分封制度瓦解，各个诸侯国都欲争霸天下，彼此之间战争不断，给人民带来无休止的苦痛。孔子感叹乱世之中民生之疾苦，建议执政者要以仁道治国，具体来说就是执政者要敬其事，对人民有公信力，爱护民众、节约经费，让人民服劳役要选在农闲之时。直到今天，孔子这种具有民本思想的政治主张还闪耀着光芒。

注释

①道：通"导"，引导之意。此处译为治理。千乘（shèng）之国：乘，古代用四匹马拉的兵车。春秋时期，打仗用兵车，故车辆数目的多少往往代表着这个国家的强弱。千乘之国，即代指大国。②敬事："敬"是指对待所从事的事务要谨慎专一、兢兢业业，即今人所说的敬业。③爱人：古代"人"的含义有广义与狭义之分。广义的"人"指一切人群；狭义的"人"仅指士大夫以上各个阶层的人。此处的"人"与"民"相对而言。④使民以时："时"指农时。古代百姓以农业为主，这里是说役使百姓要按照农时，即不要误了耕作与收获。

译文

孔子说："治理拥有一千辆兵车的国家，应该恭敬谨慎地对待政事，并且讲究信用；节省费用，并且爱护人民；征用民力要尊重农时，不要耽误耕种、收获的时间。"

子曰："弟子入则孝①，出则弟②，谨而信③，泛爱众，而亲仁④。行有余力⑤，则以学文⑥。"

题解

孔子认为，教育重在培养学生的德行修养，而一个人的修养如何，首先要看他对父母的态度如何。

这段话表明了孔子希望培养的理想人格，即达到孝、弟（悌）、谨（慎）、信、泛爱、亲仁、学文七条标准。同时也表明孔子的教育是以道德教育为中心，重点在育人。孔子重视个人的修养，认为一个人首先最应该具备爱人的能力。爱人就是首先要爱父母，其次是爱兄弟，再次是爱朋友，最后是爱大众、爱人类，这样才能做到仁。能做到这样的人就已经很了不起了。如果尚有余力的话，再去学习文化知识，掌握历史典籍、文献知识，以及历史的经验和现实的实践，这样在生活中就会明白掌握世事的规律，恰当地处理事情，懂得人生的道理，实现自我的价值。

注释

①弟子：有二义，一是指年幼之人，弟系对兄而言，子系对父而言，故曰弟子；二是指学生。此处取前义。入：古时父子分别住在不同的居处，学习则在外舍。入是入父宫，指进入父亲住处；或说在家。②出：与“入”相对而言，指外出拜师学习。“出”则“弟”，是说要用悌道对待师长，也可泛指年长于自己的人。③谨：寡言少语称为谨。④仁：指具有仁德的人，即温和、善良的人。此处形容词用作名词。⑤行有余力：指有闲暇时间。⑥文：指诗、书、礼、乐等文化知识。

译文

孔子说：“小孩子在父母跟前要孝顺，出外要敬爱师长，说话要谨慎，言而有信，和所有人都友爱相处，亲近那些具有仁爱之心的人。做到这些以后，如果还有余力，就用来学习文化知识。”

子夏曰①：“贤贤易色②；事父母，能竭其力；事君，能致其身③；与朋友交，言而有信。虽曰未学，吾必谓之学矣。”

题解

子夏认为，君子应当尊重贤者而看轻女色。

这段话提出了正确处理夫妇、父子、君臣、朋友四种关系的道德标准。子夏认为：一个人有没有良好的教养，主要不是看他的文化知识，而是要看他能不能实行“孝”“忠”“信”等基本道德。只要做到了这几点，即使他说自己没有学习过，也可以认为他是个有良好教养的人。这一章与前一章联系起来，更可以看出孔子施教重在人的德行与本质的基本特点。子夏作为孔子的弟子，申述了孔子育人首先注重人的品质德行修养，其次才是学习文化知识。一个人是否有学问，不在于看他读过多少本书，而是看他是否具备做人的修养。也就是说，一个人要想精通学问之道，要先从自己的品行的修养、待人接物上着手。明白为人处世的道理，才能够学有所成，即《红楼梦》中所谓“世事洞明皆学问，人情练达即文章”。

注释

①子夏：姓卜，名商，字子夏，孔子的高足，以文学著称。生于公元前507年。孔子死后，他在魏国宣传孔子的思想主张。②贤贤：第一个“贤”字做动词用，尊重的意思。贤贤即尊重贤者。易：有两种解释，一是改变的意思；二是轻视的意思，即尊重贤者而看轻女色。③致其身：致，意为“奉献”“尽力”。这里是要尽忠的意思。

译文

子夏说：“一个人能够尊重贤者而看轻女色；侍奉父母，能够竭尽全力；服侍君主，能够献出自己的生命；同朋友交往，说话诚实、恪守信用。这样的人，即使他自己说没有学过什么，我也一定要说他已经学习过了。”

子曰：“君子不重则不威①，学则不固②。主忠信③。无友不如己者④。过则勿惮改⑤。”

题解

这里，孔子提出了君子应当庄重大方，才能具有人格的威严，庄重而威严才能认真学习而使所学牢固。君子还要慎重交友，还要有过则勿惮改的对待错误和过失的正确态度。这一思想把君子从内到外的修养联系起来，对世人的内外在修养具有重要指导意义。一个人内心端正庄严，会反映到气质容颜上来，神态庄重威严、大方得体，就会使人感到稳重可靠，人们自然会对他加以敬重、信赖。反之，一个人倘若容仪不修，散漫随意，举止轻浮，人们也就会随意待他。故人必自重而后人重之，人必自侮而后人侮之。要重视学习，善于结交朋友，着眼于朋友比自己好的方面加以学习，从而不断提高自己、完善自我。在犯错的时候，要正面对待，不逃避掩饰，勇敢地加以改正。

注释

①重：庄重、自持。②学则不固：所学不牢固。与上句联系起来可理解为：一个人不庄重就没有威严，所学也不牢固。③主忠信：以忠信为主。④无：通"毋"，不要的意思。不如己者：指不忠不信的人，"不如己者"是比较委婉的说法。⑤过：过错、过失。惮：音dàn，害怕、畏惧。

译文

孔子说："一个君子如果不庄重就没有威严；即使读书，所学也不会牢固。行事应当以忠和信这两种道德为主。不要和不忠不信的人交朋友。有了过错，要不怕改正。"

曾子曰："慎终追远①，民德归厚矣②。"

题解

儒家非常重视丧祭之礼，他们把祭祀之礼看作一个人孝道的继续和表现，认为通过祭祀之礼，可以培养个人对父母和先祖尽孝的情感。儒家重视孝的道德，是因为孝是忠的基础，一个不能对父母尽孝的人，是不可能为国尽忠的。所以忠是孝的延伸和外化。只要做到忠与孝，社会与家庭就可以得到安宁。孔子并不相信鬼神的存在，他说"敬鬼神而远之"，就证明了这一点。他没有提到过人死之后是否有灵魂存在的问题，而是通过祭祀亡灵来实行教化，希望把人们塑造成有教养的忠孝两全的君子。

曾子对于慎终和追远的重视，是在于对死的敬畏和对过往的崇敬。因为生死是相对的，没有生就没有死，没有死也就无所谓生。而人从过往的历史中可以获得借鉴，也就是古可以鉴今。历史有传承的作用，忘记历史的人也必将被历史所遗忘。

儒家认为，孝是忠的基础，忠是孝的延伸。如果大家都能孝敬父母、敬畏祖先，我们的社会风气就会日益淳朴厚道。

注释

①慎终追远：慎终，指对父母之丧要尽其哀；追远，指祭祀祖先要致其敬。②民德：指民心，民风。厚：朴实，淳厚。民德归厚，指民心归向淳厚。

译文

曾子说："谨慎地对待父母的丧事，恭敬地祭祀远代祖先，就能使民心归向淳厚。"

子禽问于子贡曰①："夫子至于是邦也，必闻其政，求之与？抑与之与②？"子贡曰："夫子温、良、恭、俭、让以得之。夫子之求之也，其诸异乎人之求之与③？"

题解

本章通过子禽与子贡两人的对话，表现了孔子为人处世的方式与风格。孔子之所以到处都能受到礼遇和尊重，在于孔子具有温和、善良、恭敬、节俭、谦让的道德品格。他能不激不厉，即之也温；仁德待人，宽厚善良；尊重他人，处事恭敬；居仁守礼，自奉俭朴；先人后己，谦退礼让。所以每到一个诸侯国，都能受到各国国君的礼遇，与人交往，都能得到他人的尊重。他不用去乞求什么，他人都愿意帮助他。这就是孔子与众不同的待人接物的方式。

孔子每周游到一个诸侯国，都会与闻其国的政事。这并不是因为他心中对名利禄位有所欲求，而是因为一个国家的政事关系到国家的盛衰兴亡，关系到人民的生产生活，是一个国家的核心元素。故孔子要去关心、了解、洞察政治的发展变化，而不同于那些汲汲于功名富贵的人，故不卑不亢、不忮不求，纯然一派君子之风。

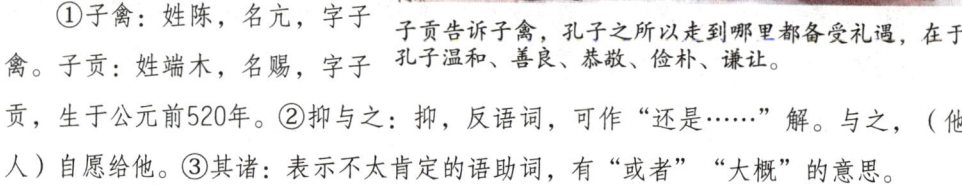

子贡告诉子禽，孔子之所以走到哪里都备受礼遇，在于孔子温和、善良、恭敬、俭朴、谦让。

注释

①子禽：姓陈，名亢，字子禽。子贡：姓端木，名赐，字子贡，生于公元前520年。②抑与之：抑，反语词，可作“还是……”解。与之，（他人）自愿给他。③其诸：表示不太肯定的语助词，有“或者”“大概”的意思。

译文

子禽问子贡说：“夫子每到一个国家，一定听得到这个国家的政事。那是求人家告诉他的呢，还是人家主动告诉他听的呢？”子贡说：“夫子是靠温和、善良、恭敬、节俭和谦让得来的。夫子那种求得的方式，大概是不同于他人的吧？”

子曰：“父在，观其志①。父没，观其行②。三年无改于父之道，可谓孝矣。”

题解

这一章仍是谈“孝”的问题，把“孝”具体化了。这段话有一个前提，就是父亲所尊崇的道理一定要正确。但不管一个做父亲的人思想和道德水准有多高，他对于儿子的期望标准总是好的，而且这里说了，父亲在世的时候，儿子已经表现出了自己的志向。那么父亲去世之后，儿子不要降低自己的标准。三年内都不改变他父亲所尊崇的正确的道理，这就是尽孝了。这里需要说明的是，这段话并没有阻碍下一代发展的意思，有人用儿子“言行举止都总停留在过去的水平上”来批评这句话，显然是曲解。

注释

①其：指儿子，不是指父亲。②行（xíng）：行为。

译文

孔子说："当他父亲活着时，要看他本人的志向；在他父亲去世以后，就要考察他本人的具体行为。如果他长期坚持父亲生前那些正确原则，就可以说是尽孝了。"

孔子认为，孝敬父母要做到言行一致，即使父母死了，也应遵循父母的教导行事。

有子曰："礼之用，和为贵。先王之道①，斯为美，小大由之。有所不行，知和而和，不以礼节之，亦不可行也。"

题解

这段话讲的是治国之道，强调礼乐相济为用。"和"是儒家所特别倡导的伦理、政治和社会准则。《礼记·中庸》写道："喜怒哀乐之未发谓之'中'，发而皆中节谓之'和'。"礼的推行和应用要以和谐为贵，但并不能为和谐而和谐，礼是社会规范和社会秩序的具体表现，脱离了社会秩序和规范的和谐是行不通的。在人类社会发展的相当长的一段时间里，社会是有等级差别的，秩序和规范是必要的。所谓先王之道，就是西周以来

"和"是儒家倡导的伦理、政治和社会准则，但不能为和谐而和谐。

行之有效的礼乐制度。但到春秋时代，这种社会秩序和规范开始破裂，臣弑君、子弑父的现象已属常见。对此，有子提出“和为贵”的主张，又指出不能为和而和，要以礼节制之。可见有子提倡的“和”并不是无原则地调和，这是有其合理性的。在历史上，凡是要加强社会秩序的时候，有子的这种思想都会受到重视。

注释

①先王之道：指的是古代圣王治国之道。

译文

有子说：“礼的功用，以遇事做得恰当和顺为贵。以前的圣明君主治理国家，最可贵的地方就在这里。他们做事，无论事大事小，都按这个原则去做。如遇到行不通的，仍一味地追求和顺，却并不用礼法去节制它，也是行不通的。”

有子曰：“信近于义，言可复也①；恭近于礼，远耻辱也②；因不失其亲③，亦可宗也④。”

题解

这段话讲的是儒家的交友待人之道。

孔子的弟子有子在本章所讲的这段话，表明他对“信”和“恭”是十分看重的。“信”要以义为基础，方能做到践行可复；“恭”要以周礼为标准，方能远离耻辱，也就是保持人与人之间的尊重。不符合礼的话绝不能讲，讲了就不是“信”的态度；不符合礼的事绝不能做，做了就不是“恭”的态度。这讲的是为人处世的基本态度。

信义是社会道德共同之所尚，故古人有一诺千金之说，有重然诺而轻生死者。并非人不重生死，而是信义高于生死，唯其义尽，所以至于仁。背信弃义者遭人唾弃是信义社会对人的外在他律，人还必须坚持内心的自律，保持一种恭肃近于礼的状态，这样他律和自律相辅相成，从而生发出正体的道德精神之美善，方得以堂堂正正地立于天地之间。

注释

①复：实践，履行。②远：使远离，可以译为避免。③因：依靠之意。④宗：可靠。

译文

有子说："约言符合道德规范，这种约言才可兑现。态度谦恭符合礼节规矩，才不会遭受羞辱。所依靠的都是关系亲密的人，也就可靠了。"

子曰："君子食无求饱，居无求安，敏于事而慎于言，就有道而正焉①，可谓好学也已。"

题解

本章讲的是君子日常言行的基本要求。孔子认为，作为一个君子，不应当过多地讲究自己的饮食与居处，在工作方面应当勤劳敏捷，谨慎小心，而且能经常检讨自己，请有道德的人对自己的言行加以匡正。不去追求物质享受，不贪图安乐，把注意力放在做有意义的事情上面，追求真理。既有勤奋的精神，又有高明的方法，才可以算作热爱学习。这是孔子对学生的教诲，也是孔子一生求学精神的真实写照。

人活着不应不仅仅为了求得饱暖安逸，还应该有一种对理想的追求精神。有了这样的理想，就不应再沉溺于物质的欲望，要有克制自己的能力，把对物质的追求提升为对真善美的追求，以及精神的独立上来。这样就不会去计较私欲得失，蝇营狗苟，而会敏于事而慎于言，使自己的内心清澄，去接近有道之人来匡正自己。

注释

①有道：指有道德、有学问的人。正：匡正，端正。

译文

孔子说："君子饮食不追求饱足；居住不追求安逸；对工作勤奋敏捷，说话却谨慎；接近有道德有学问的人并向他学习，纠正自己的缺点，就可以称得上是好学。"

孔子认为，君子要善于抵制物欲，要尽可能地把精力用于追求理想和真理上。

子贡曰："贫而无谄，富而无骄，何如？"子曰："可也。未若贫而乐，富而好礼者也。"子贡曰："《诗》云：'如切如磋，如琢如磨①'，其斯之谓与②？"子曰："赐也③，始可与言《诗》已矣，告诸往而知来者④。"

题解

这段话记载了子贡和孔子讨论如何对待穷和富的问题。在历史上的很长时间里都会有贫富差距的问题，而且这不是个人能够解决的。孔子希望他的弟子以及所有人都能够达到贫而乐道、富而好礼的境界，因而在平时对弟子的教育中，就把这样的思想传授给学生。贫而乐道，富而好礼，这样，个人可以得到最大限度的发展，社会上无论贫或富也都能做到各安其位，便可以保持社会的安定。孔子还赞扬了子贡"举一反三"灵活运用知识的能力。

孔子与子贡讨论一个人的财富状况与其修养的关系。

子贡是孔子的学生，他学有所得，是孔门弟子中杰出的政治家和外交家，而且善于经商，富至千金。他向孔子求教：贫穷而不谄媚，富有而不傲慢，怎么样？想必在他看来这是很高的境界了，因为人穷生活容易捉襟见肘，难免气短阿谀人以图利，而富贵之人又容易财大气粗、盛气凌人，这都是一般人好富恶贫的共同心理。所以人要能达到子贡所说的境界是很了不起的。但仁者止于至善，所以孔子说，可也，但还不如贫而乐道，富有却好礼。聪明的子贡马上领悟了，并且触类旁通地去举一反三，因此孔子才由衷地赞扬他这下入门了。

注释

①如切如磋，如琢如磨：出自《诗经·卫风·淇奥》篇。意思是，好比加工象牙，切了还得磋，使其更加光滑；好比加工玉石，琢了还要磨，使其更加细腻。②其：表测度语气，可译为"大概"。③赐：子贡的名。孔子对学生一般都称名。④来者：未来的事，这里借喻为未知的事。

译文

子贡说："贫穷却不巴结奉承，富贵却不骄傲自大，怎么样？"孔子说："可以，但还是不如虽贫穷却乐于道，虽富贵却谦虚好礼。"子贡说："《诗经》上说：'要像骨、角、象牙、玉石等的加工一样，先开料，再粗锉，细刻，然后磨光'，是这个意思吧？"孔子说："赐呀，现在可以同你讨论《诗经》了。告诉你以往的事，你能因此而知道未来的事。"

子曰："不患人之不己知，患不知人也。"

题解

孔子教育学生要耐得住寂寞，不要把精力浪费在怨天尤人上。

孔子教育学生，在处世上要有人不知而不愠的精神，能够在寂寞中完成应该做的事业，完成应该具有的仁德修养。学习是为了自己的进步，而不要把精力用于怨天尤人上。处世是需要了解他人的，自己心态平和，才能真实地了解他人。不去苛求他人，要把精力用于提升自己的能力上。君子不担心没有人了解自己，不忧虑没有美好的名声，只忧虑自身的修养不够深厚，不能去充分了解他人。

译文

孔子说："不要担心他人不了解自己，应该担心的是自己不了解他人。"

为政篇第二

子曰：“为政以德，譬如北辰[①]，居其所而众星共之[②]。”

题解

孔子认为，为政者广施德政，百姓就会像群星拱卫北斗一样拥护他、支持他。

孔子用了一个形象的比喻来说明施行德治仁政可以得人心，孚人望，得到人民的广泛拥护和支持。这段话代表了孔子的“为政以德”的思想，实行德治仁政，天下的人就会发自内心地走向正确的轨道。这是强调仁德在政治生活中的核心作用，主张以道德教化为治国的原则。这是孔子学说中较有价值的部分，表明儒家治国的基本原则是德治，而非严刑峻法。

仁是藏于内的品质，发抒于外而惠及他人因而形成人格力量的即为德。这种人格力量充满了吸引力、凝聚力和感召力，能使人心归附，就好比北极星，安然处在自己的位置上，而众多的星辰都围绕着它。

注释

①北辰：北极星。②共（gǒng）：通“拱”，环绕。

译文

孔子说：“用道德的力量去治理国家，自己就会像北极星那样，安然处在自己的位置上，别的星辰都环绕着它。”

子曰："《诗》三百[①]，一言以蔽之[②]，曰：'思无邪'。"

题解

《诗经》在孔子时代称作《诗》，经过孔子的整理加工以后，被用作教材。孔子对《诗经》有深入的研究，所以他用"思无邪"来概括它。这句话表达了孔子对《诗经》真挚健康的文学风格的深刻印象与高度评价。

所谓"诗言志"，是指表达个人或集体情志。《诗经》由来自民间的歌谣、士大夫创作的宫廷正乐以及天子、诸侯用以祭祀宗庙的舞曲组成。其中有对历史、社会、时事、政治的看法和意见，有对历史的诉说和情感的抒发，流露的是人真实的思想和情感，即使是怨，也是源于爱和希望，其本身是纯正无邪的。孔子认为《诗经》可以作为统治者考察民心民俗的借鉴。

注释

①《诗》三百：《诗经》中共收诗三百零五篇。"三百"是举其整数而言。②蔽：概括。

译文

孔子说："《诗经》三百多篇，用一句话来概括它，就是'思想纯正'。"

子曰："道之以政[①]，齐之以刑，民免而无耻[②]；道之以德，齐之以礼，有耻且格[③]。"

题解

在本章中，孔子举出了两种截然不同的治国方针。孔子认为，刑罚只能使人避免犯罪，而不能使人懂得犯罪可耻的道理。而道德教化比刑罚要高明得多，既能使百姓循规蹈矩，又能使百姓有知耻之心。这反映了德治在治理国家时不同于法治的特点。孔子认为用礼制来规范、劝导百姓的思想和行为，能有效地抑制"犯上作乱"动机的形成。这反映了儒家同法家在治国方略上的差异。

孔子在这里将法治和礼治进行了对比，高下立见。关于这一段，清代名家陆陇其在《松阳讲义》中解说得很好。他说："操术不同，功效各异。路头一差，而风俗由之而殊，气运由之而变，不可不辨也。"法治以惩罚性手段使人心存畏惧，免于犯法；而礼治德政却使人心悦诚服，顺应了人的廉耻之心。

注释

①道：有两种解释，一说是引导的意思，一说是领导、治理，与“道千乘之国”的“道”相同。此从后解。②免：免罪、免刑、免祸。③格：纠正。

译文

孔子说：“用政令来治理百姓，用刑罚来制约百姓，百姓可暂时免于罪过，但不会认为不服从统治是可耻的；如果用道德来统治百姓，用礼教来约束百姓，百姓不但有廉耻之心，而且会改正自己的错误。”

子曰：“吾十有五而志于学①，三十而立②，四十而不惑，五十而知天命，六十而耳顺③，七十而从心所欲，不逾矩。”

题解

这是孔子最为著名的言论之一，讲述了他学习和修养的过程。这一过程，是一个随着年龄的增长，思想境界逐步提高的过程。整个过程为：十五岁立下志向学习上进；三十岁打下思想、学业和事业的基础；四十岁就可以明辨一切是非，确定正确方向；五十岁能够明了事物的规律；六十岁听到一切都不再吃惊，也不再受环境影响；七十岁则到了主观意识和做人的规则融合为一的境界，此时，道德修养达到了最高的境界。孔子的道德修养过程有合理因素：第一，他看到了人的道德修养不是一朝一夕的事，不能一下子完成，不能搞突击，要经过长时间的学习和锻炼，要有一个循序渐进的过程。第二，道德的最高境界是思想和言行的融合，自觉地遵守道德规范，而不是勉强去做。这两点对任何人都是适用的。

孔子十五岁立志向学，一生修身立德，最终达到了随心所欲而不逾矩的境界。

注释

①有（yòu）：通“又”。古文中表数字时常用“有”代替“又”，

表示相加的关系。②立：站立，成立。这里指立身处世。③耳顺：对于外界一切相反相异、五花八门的言论，能分辨真伪是非，并听之泰然。

译文

孔子说："我十五岁立志学习，三十岁在人生道路上站稳脚跟，四十岁心中不再迷惘，五十岁知道上天给我安排的命运，六十岁听他人说话就能分辨是非真假，七十岁能随心所欲地说话做事，又不会超越规矩。"

孟懿子问孝[①]。子曰："无违[②]。"樊迟御[③]，子告之曰："孟孙问孝于我，我对曰：'无违。'"樊迟曰："何谓也？"子曰："生，事之以礼；死，葬之以礼，祭之以礼。"

题解

孔子极其重视孝，要求人们对自己的父母尽孝道，无论他们在世或去世，都应如此。但这里着重讲的是，尽孝时不应违背礼的规定，否则就不是真正的孝。他主张，属于家庭伦理范畴的孝道不能越出作为政治伦理原则的"礼"的规定。可见，孝不是随意的，必须受礼的规制，依礼而行才是孝。

孟懿子是鲁国的大夫，他遵循父亲的遗嘱向孔子学礼，自以为这样就做到了孝，便向孔子请教孝道。孔子告诉他，孝亲之道，只在于无违而已。因为《论语》是语录式的文体，所以没有记下孟懿子听到孔子的回答后的反应。孔子的话虽然简单，却自有深意，这在他与学生樊迟的对话上反映了出来。能遵循父亲的遗嘱当然是孝，但这却只是小孝。孟懿子作为鲁国的大夫，当然应该知道君主以孝道治理天下，为人臣之孝在

孔子开导樊迟，不违背礼的精神是孝道的根本。

于是否遵循了礼。他现在问孝，要首先想想自己对待父母生前的起居和死后的葬祭，是不是合乎礼的精神、有没有僭越违逆之处。

注释

①孟懿子：鲁国大夫，姓仲孙，名何忌。懿，谥号。②无违：不要违背礼节。③樊迟：孔子的学生，姓樊，名须，字子迟。御：驾车，赶车。

译文

孟懿子问什么是孝道。孔子说："不要违背礼节。"不久，樊迟替孔子驾车，孔子告诉他："孟孙问我什么是孝道，我对他说：'不要违背礼节。'"樊迟说："这是什么意思？"孔子说："父母活着的时候，依规定的礼节侍奉他们；死的时候，依规定的礼节安葬他们，祭祀他们。"

孟武伯问孝①。子曰："父母唯其疾之忧②。"

题解

从古到今，父母最根本的愿望是孩子能健康成长，最担忧的事情就是儿女患了疾病。所以，做儿女的能够让父母放心的最基本的做法就是保证自己的身心健康，这就是尽孝了。俗话说，"儿行千里母担忧"，当然，做儿女的也应该体会父母的这种心情，知道如何去关心父母。

父母对子女的爱是最博大最无私的，子女当能体会父母的用心，想到生命是父母赐予的，自己是父母守护长大的，念及此，怎么会不去加以珍惜呢？然而世情却正如《红楼梦》中《好了歌》所云："世人都晓神仙好，只

父母最担心的事情就是儿女生病。

有子孙忘不了！痴心父母古来多，孝顺儿孙谁见了？”孝是对生命的一种回报，乌鸦尚有反哺之心，羔羊尚知跪乳，何况是人呢？孝实在是为人之本，所以孔子在《论语》一书中多次强调。

注释

①孟武伯：上文孟懿子的儿子，名彘（zhì）。“武”，谥号。②其：指孝子。

译文

孟武伯问什么是孝道，孔子说：“父母只为孩子的疾病担忧（而不担忧别的）。”

子游问孝[1]。子曰：“今之孝者，是谓能养。至于犬马，皆能有养；不敬，何以别乎？”

题解

本章还是谈论孝的问题。进一步阐述了孔子对于“孝”的观点。他认为老人不仅需要奉养及物质上的满足，更需要尊敬和精神上的满足。人们对于犬马及宠物都能尽心尽力地饲养，如果对于父母只知奉养而不尊敬，那就不能称为孝。

人有精神的需求，故有别于犬马。孝顺父母不应该仅仅停留在物质保障的层次上，还要在内心深处真正地孝敬父母，要去体谅父母的感受、敬重父母的意愿，不然即使是饥饿的乞丐也不愿意吃他人施舍的嗟来之食，何况是对待父母呢？如果没有敬重之心，那赡养又有何意义呢？

老人不仅需要物质上的奉养，更需要精神上的满足。

注释

①子游：孔子的高足，姓言，名偃，字子游，吴人。

译文

子游请教孝道，孔子说："现在所说的孝，指能养活父母便行了。即使狗和马，也都有人饲养；对父母如果不恭敬顺从，那和饲养狗马有什么区别呢？"

子夏问孝。子曰："色难[①]。有事，弟子服其劳[②]；有酒食[③]，先生馔[④]，曾是以为孝乎[⑤]？"

题解

孔子所提倡的孝，体现在各个方面和各个层次上，他要求为人子女者不仅要从形式上按周礼的原则侍奉父母，而且要从内心深处真正地孝敬父母。这段话意思是说，只有对父母的敬重充溢于心，才能时时处处在眉宇之间、言行之中表现出和悦的神色和敬意。

真正的孝不是"有事情，小辈们去效劳；有酒食，长者先享用"，那些只是表面的敬爱。真正的孝是要有爱，内心要始终充溢着敬爱的情感，表现在外就是始终对父母和颜悦色。《礼记·祭义》中有这样一段话："孝子之有深爱者，必有和气。有和气者，必有愉色。有愉色者，必有婉容。"不是真正的孝者，很难在父母面前保持一贯的和悦之色。故孔子会在弟子子夏问孝时，深有感触地说出"色难"二字。

注释

①色难：有两种解释，一说孝子侍奉父母，以做到和颜悦色为难；一说难在承望、理解父母的脸色。今从前解。②弟子：年轻的子弟。③食：食物。④先生：与"弟子"相对，指长辈。馔：吃喝。⑤曾：副词，难道的意思。

译文

子夏问什么是孝道，孔子说："侍奉父母经常保持和颜悦色最难。遇到事情，由年轻人去做；有好吃好喝的，让老年人享受，难道这样就是孝吗？"

子曰："吾与回言终日[1]，不违如愚。退而省其私[2]，亦足以发，回也不愚。"

题解

这一章讲孔子的教育思想和方法。他提倡启发式的教学，认为要有主动发明和创造精神，不满意那种"终日不违"、从来不提相反意见和问题的学生，希望学生在接受教育的时候，能够开动脑筋，思考问题，对老师所讲的问题应当有所思考。所以，他认为不思考问题、不提不同意见的人是愚人。颜回在实践上能发挥孔子平日所讲授的，所以孔子说他不愚。

颜回大概是个大智若愚的人，他在孔子讲学的时候，不轻易发表自己的见解，不急于去表现自己的敏捷和锐思，显得很沉默，所以他给孔子的初始印象是个迟滞愚钝的人。然而孔子又发现颜回能在回去之后对他所讲学问进行细细的琢磨，从不懈怠，做到洞明之后，还能有所发挥。从"愚"到"不愚"，是孔子对颜回的一个认识过程，反映了颜回的沉静深思，也反映了孔子对学生的考察并非一时一地的，而是长期的观察，可见孔子是非常善于识人的。

注释

①回：即颜回，孔子最得意的门生，字子渊，鲁国人。②退：从老师那里退下。省（xǐng）：观察。私：私语，指颜回与别人私下讨论。

译文

孔子说："我整天对颜回讲学，他从不提出什么反对意见，像个愚人。等他退下，我观察他私下里同他人讨论时，却能发挥我所讲的，可见颜回他并不愚笨呀！"

子曰："视其所以[1]，观其所由[2]，察其所安[3]。人焉廋哉[4]？人焉廋哉？"

题解

这段话是孔子讲述的观察他人的方法。孔子认为，对人应当听其言而观其行，还要看他做事的出发点，和他什么时候最心安理得，这就可以从他的言

孔子向弟子讲述怎样观察、了解一个人。

论、行动到他的内心，全面了解这个人。

前面孔子说过“不患人之不己知，患不知人也”，那么，如何知人呢？本章就是他给出的知人的方法，非常具有指导意义。“视其所以”就是看此人平时所做之事，这是从眼前看，不足以知人，还要从远处“观其所由”，也就是看此人是如何处理事情的，过去的所作所为、做事的出发点是什么，这样就可以进一步了解此人。“察其所安”，就是看他处理完事情之后，表现出什么样的神情。如果是行善事而安之，则善日积；如是行恶事而安之，则恶日增。用这样的知人方法来观察一个人，自然便可知他是君子还是小人。

注释

①以：为。所以，所做的事。②所由：所经过的途径。③安：安心。④廋（sōu）：隐藏，隐蔽。

译文

孔子说：“看一个人的所作所为，考察他处事的动机，了解他心安于什么事情。那么，这个人的内心怎能掩盖得了呢？人的内心怎能掩盖得了呢？”

子曰：“温故而知新，可以为师矣。”

题解

孔子这句话强调了举一反三、领会精神实质在教学中的重要性。“温故而知新”是孔子对我国教育学的重大贡献之一，他认为，不断温习所学过的知识，从而可以获得新的知识。这一学习方法抓住了“学习”这一人的最重要的活动之一的本质规律，就是人的认知是从低到高、从片面到全面、从浅薄到深刻的过程，新知识、新学问都是在过去所学知识的基础上发展而来的。因此，温故而知新是一个切实可行的学习方法，也是学习的基本规律。

孔子对弟子强调“温故而知新”的重要性。

古人常常会把已经读过的书拿出来温习研磨，叫作“温书”。所谓“好书不厌百回读”，就是好书有常读常新的功效。由于眼界、人生经验等多方面的限制，很少有人能一次就完全读通、读透一本好书，而是随着视野的开阔、人生阅历的增长，再回过头读旧书，会发现以前读书有疑惑的地方竟能豁然开朗了。《论语》就是这样一本好书，我们要不时地温习它，总会有意外的收获。

译文

孔子说：“在温习旧的知识时，能有新的收获，就可以当老师了。”

子曰：“君子不器。”

题解

孔子认为君子应为通才，博学多能。君子是孔子心目中具有理想人格的人，他应该担负起治国安邦平天下的重任。对内可以处理各种政务；对外能够应对四方，不辱君命。所以，孔子说，君子应当博学多识，具有多方面才干，不应局限于某个方面，因此，他可以通观全局、领导全局，成为合格的领导者。这种思想在今天仍有可取之处。

君子在这个世界上不是作为一个只有一种功用的器具而存在的，而是要不拘泥于人与事的，要有容纳百川的大胸襟，善于发现他人之善而加以吸取借鉴，善于反省自己而能加以变通，这就是孔子的“不器”思想。器具终究有所局限，不能通达，一个人如果像只器具，就会心胸褊狭行动局促，难以通达天下。所以君子求学，不可画地为牢，而是要博学多闻，具备浩然的大丈夫胸襟。

译文

孔子说："君子不能像器皿一样（只有一种用途）。"

子贡问君子。子曰："先行其言而后从之。"

题解

做一个有道德的、博学多识的君子，不能只说不做，而应先做后说。只有先做后说，才可以取信于人。孔子教育学生注重因材施教，有的放矢。这是强调实际行动、反对夸夸其谈的回答，也是对聪明敏捷的子贡的提醒。

孔子告诫子贡，君子要用实际行动证明自己，而不是夸夸其谈，光说不练。

孔子被后世称为"至圣先师"，的确有其过人之处。他在对学生有所了解后再加以有针对性的教导。子贡长于言辞，这样的人往往容易去逞口舌之辩或犯言过其实的错误。所以孔子教他先做，做完了之后再说，其中也有"敏于事而慎于言"的意思。

译文

子贡问怎样才能做一个君子。孔子说："对于你要说的话，先实行了，然后说出来。"

子曰："君子周而不比①，小人比而不周。"

题解

孔子在这一章中提出君子与小人的区别点之一，就是小人因私利而结党勾结，不能与大多数人融洽相处。而君子则不同，他做事总为多数人着想，能与众人和谐相处，但不与人相勾结。只要有人群的地方，孔子的这种思想就有积极意义。

孔子为弟子们分析君子与小人的区别。

朱熹在《四书章句集注》中注道："周，普遍也。比，偏党也。""周""比"两字都有与人亲厚团结的意思，但二者又不完全相同。"周"是为了公，"比"是为了私。君子办事与人团结在一起，是出于公心，而不为私。在平时的修养中，也是去其私心，存其公心，不会为了私利与人勾结在一起。这就是"周而不比"。而小人办事，汲汲于名利，而不为公。闲暇无事时，心中所想的也是有私无公，为了一己私利而与人狼狈为奸结为党羽，一旦利不合，就会马上翻脸，甚至互相落井下石。人处在社会之中，难免会有群体合作的时候，如何合作，君子与小人之道各有不同。

注释

①周：团结多数人。比：勾结。

译文

孔子说："德行高尚的人以正道广泛交友但不互相勾结，品格卑劣的人互相勾结却不顾道义。"

子曰："学而不思则罔①，思而不学则殆②。"

题解

这句话提出了学习和思考的关系，指出学与思要相结合。这是孔子治学方法的重要总结。孔子认为，在学习的过程中，学和思不能偏废。因为学而不思就会迷惘，而思而不得则会疑惑。因此主张学与思相结合的学习方式。只有将学与思相结合，才可以使自己成为既有思想，又有学识的人。

孔子认为，学习与思考同样重要，不可偏废。

不学不知道，学习能令人知晓世界的关系和因果；不思无所得，思考令人洞明义理。读书学习不去思索好坏便一味地加以吸收，容易使人拘泥刻板，流入教条主义的泥淖。不去读书学习一味地凭空思索，将现实中的经验和智慧置之不顾，最后只能是徒然耗费了精力却无所成。所以不能将学习和思索分开，要在学习的过程中去思考，在思考中去学习，这样才会大有长进。

注释

①罔：迷惘，没有收获。②殆：疑惑。

译文

孔子说："学习而不思考就会迷惘无所得；思考而不学习就会疑惑不解。"

子曰："攻乎异端①，斯害也已②！"

题解

异端就是指中庸的两端，一个是过，另一个是不及，孔子讲究中庸，主张执两端而用其中，亦即不要偏执一端。对于异端不要闭目塞听，而是要去研究，知道了它的弊端在哪儿，辨识能力和免疫能力也就在了解抵抗中逐渐形成，不会去盲目听从。这也就是俗语所说的"见怪不怪，其怪自败"。故孔子主张要能容纳不同的意见，博施广采，兼收并蓄，巧妙地结合事物的两端，从中抓住事物的本质，这样才能辨识明了，避免偏执一端的毛病。

注释

①攻：做。异端：中庸的两端，指“过”和“不及”。②斯：连词，这就、那就的意思。也已：语气词。

译文

孔子说：“做事情过或不及，都是祸害啊！”

子曰：“由[1]！诲女，知之乎[2]？知之为知之，不知为不知，是知也。”

题解

“知之为知之，不知为不知，是知也”，是孔子被人广为传播的名言之一，后世常用来提醒人们用谦虚的态度来对待知识，来不得半点儿的虚假和骄傲。要养成学习踏实认真、实事求是的作风，避免鲁莽虚荣的习气。

根据这句话的语气和意趣来看，似乎是孔子在讲学，中途一眼瞥见子路（仲由）在那儿心不在焉，于是突然向他发问：“由！你听懂了没有？”子路可能支吾着说懂了，或说半懂不懂的。子路是孔子弟子中好勇力的一个，较为莽撞浮躁。于是孔子就语重心长地教诲他说：“懂了就是懂了，不懂就是不懂，这才是真正的智慧。”意思是要他沉下心来向学，要冷静思考，不要学得一知半解的，便以为掌握了真知。

注释

①由：孔子的高足，姓仲，名由，字子路，卞（故城在今山东泗水县东五十里）人。②知：做动词用，知道。

译文

孔子说：“由啊，我教给你的，你懂了吗？知道就是知道，不知道就是不知道，这才是真正的智慧。”

孔子告诫子路，做学问要脚踏实地，不要不懂装懂。

子张学干禄[1]。子曰："多闻阙疑[2]，慎言其余，则寡尤[3]；多见阙殆[4]，慎行其余，则寡悔。言寡尤，行寡悔，禄在其中矣。"

题解

孔子这段话是回答子张怎样能够做好官。孔子教导学生要谨言慎行，言行不犯错误。他认为，身居官位者，要说有把握的话，做有把握的事，这样可以减少失误，减少后悔，这是对国家对个人负责任的表现。当然，这里所说的并不仅仅是一种为官的方法，也是立身于社会的基本原则。这也表明了孔子在知与行二者关系问题上的观念。孔子并不反对他的学生谋求官职，但是主张要把官做好，要做好官。

孔子教导子张为官要慎言慎行。

孔子一生周游列国，虽没怎么受到诸侯国君的重用，但他论为政为官的言论却还是为从政者所重视和推崇的。他弟子三千，其中有好些就是专门向他学习求官为官之道的。在学有所成的七十二贤人中，就有不少人在政治上很有作为，子张就是其中之一。子张比孔子小四十八岁，正是年轻有为、意气昂扬的时候，便很坦率直接地问老师怎样求得官职。孔子也不迂腐，耐心地教他该怎样做，因为年轻人容易果敢有余但不够细心，所以孔子一再强调要慎言慎行，做到言语上少错误，行动上少有懊悔，官禄自然在其中了。

注释

①子张：孔子的学生，姓颛（zhuān）孙，名师，字子张。干禄：谋求禄位。②阙疑：把疑难问题留着，不做判断。阙，通"缺"。③尤：过失。④阙殆：与"阙疑"对称，同义，故均译为"怀疑"。

译文

子张请教求得官职俸禄的方法。孔子说："多听，把不明白的事情放到一边，谨慎地说出那些真正懂得的，就能少犯错误；多观察，不明白的就保留心中，谨慎地实行那些真正懂得的，就能减少事后懊悔。言语上少犯错误，行动上很少后悔，自然就有官职俸禄了。"

哀公问曰[①]："何为则民服？"孔子对曰："举直错诸枉[②]，则民服；举枉错诸直，则民不服。"

题解

鲁哀公向孔子请教治理国家、让人民拥护的办法，孔子则从用什么人和怎么用人的方面予以解答。荐举贤才，选贤用能，是孔子德治思想的重要组成部分。宗法制度下的选官用吏，唯亲是举，孔子的这种用人思想在当时可说是一大进步。"任人唯贤"的思想在历史上一直闪耀着光辉。

鲁哀公作为鲁国国君，他关注的自然是怎样才能使人民服从的问题。孔子则以举错之道对之。因为"政者，正也"，为政者如果能秉持公正之心，举用正直贤能的人才，舍弃曲枉不正的人，人民自然会心悦诚服。反之，为政者没有公正之心，以一己之好恶去举用曲枉不正的人，而舍弃正直贤能的人，人民深受其害，自然会怨声载道，即使无力去抗拒强权暴政也会心有不服。

注释

①哀公：即鲁哀公，鲁国国君，姓姬，名将，鲁定公之子，在位二十七年，"哀"是谥号。②错：通"措"，安置。诸："之于"的合音。枉：邪曲。

译文

鲁哀公问道："我怎么做才能使百姓服从呢？"孔子答道："把正直的人提拔上来，使他们位居不正直的人之上，则百姓就服从了；如果把不正直的人提拔上来，使他们位居正直的人之上，百姓就会不服从。"

季康子问①："使民敬、忠以劝②，如之何？"子曰："临之以庄，则敬；孝慈，则忠；举善而教不能，则劝③。"

题解

季康子的本意是想向孔子请教治理百姓的方法，而孔子教他的却是做人的道理，引导他提高个人的品质和修养。孔子主张"礼治""德治"，这不单单是针对老百姓的，对于当政者也是如此。当政者本人应当庄重严谨、孝顺慈祥，如此则老百姓就会亲近、尊敬当政者，从而真心向善，努力劳作。

孔子委婉地告诉季康子，为政之道重在求诸自身。

季康子是鲁国的权臣，他所问的重点在于使民之道：怎样才能使百姓对上恭敬尽忠、勤勉做事。孔子的回答却是重在修己之道，要求执政者首先做到用庄重的态度对待老百姓，孝顺父母，爱护幼小，举贤用能，教育能力低下的人。认为"子帅以正"，老百姓自然就会心悦诚服，竞相效仿。其实质是人心美德存在着巨大的感染力，引导事物朝良性方向发展。

注释

①季康子：鲁大夫季桓子之子，鲁国正卿，"康"是谥号。②以：通"与"，可译为"和"。③劝：勉励的意思。

译文

季康子问："要使百姓恭敬、忠诚并互相勉励，该怎么做？"孔子说："如果你用庄重的态度对待他们，他们就会恭敬；如果你能孝顺父母、爱护幼小，他们就会忠诚；如果你能任用贤能之士，教育能力低下的人，他们就会互相勉励。"

或谓孔子曰[①]：“子奚不为政[②]？”子曰：“《书》云[③]：‘孝乎！惟孝，友于兄弟。’施于有政[④]，是亦为政，奚其为为政？”

题解

这一章反映了孔子的一个基本思想：把亲情扩充为人与人之间的仁德之心，把治家之道伸展到治国之道。这种思想有着跨越时代的价值。他认为，治理国家以孝为本，只有孝父友兄的人才有资格担当国家的官职。说明了孔子的“德治”思想主张。

孔子认为为政在德，而孝为德之本。虽然没有身居官位，但在家施行孝道，友爱兄弟朋友，亦是在参与政治教化。孔子还引用古代的经典《尚书》来论证自己修身为政的观点。《诗经》上亦有：“刑于寡妻，至于兄弟，以御于家邦。”意思是说，做妻子的表率，从而推广到兄弟，再推广到封邑和国家。所以个人是否为官从政并不重要，重要的在于个人以孝来齐家，流风所及而化育万物，使全国上下形成孝的社会风气，使万民得以沐浴其恩泽。

注释

①或：有人。②奚（xī）：疑问词，当“何”“怎么”“为什么”讲。③《书》：指《尚书》。“《书》云”以下三句见伪《古文尚书·君陈》，略有出入，可能是《尚书》逸文。④施于有政：“有”在此无实在的意义。

译文

有人问孔子说：“您为什么不当官参与政治呢？”孔子说：“《尚书》中说：‘孝呀！只有孝顺父母，才能推广到友爱兄弟，并把孝悌的精神扩展、影响到政治上去。’这也是参与政治，为什么一定要当官才算参与政

孔子认为，自己在家奉行孝道，亦是在参与政治教化。

治呢？”

子曰：“人而无信[1]，不知其可也。大车无輗[2]，小车无軏[3]，其何以行之哉？”

题解

孔子用一个著名的比喻，阐述了诚实守信的重要性。信是儒家传统伦理准则之一。孔子认为，信是人立身处世的基石。在《论语》中，信的含义有两种：一是信任，即取得他人的信任；二是对人讲信用。一个良好的社会环境确实应该让不守信的人无法畅行无阻。

人无信不立，丧失了他人的信任，或是对他人不讲信用，终将陷入孤独的焦灼之中，得不到任何的依恃，好比车子没有了铆钉，就不能行走天下。

注释

①而：如果。信：信誉。②大车：指牛车。輗（ní）：大车辕和车辕前横木相接的关键。③小车：指马车。軏（yuè）：古代车辕与横木相连接的关键。

译文

孔子说：“一个人如果不讲信誉，真不知他怎么办。就像大车的横木两头没有活键，小车的横木两端少了关扣一样，怎么能行驶呢？”

子张问：“十世可知也[1]？”子曰：“殷因于夏礼[2]，所损益，可知也；周因于殷礼，所损益，可知也；其或继周者，虽百世，可知也。”

题解

这里孔子讲了礼制史的继承与发展的情况，指出了其损益规律。孔子历来不反对变革，但是一切变革都是在既有的基础上进行的，是有迹可循的。孔子在这儿提出一个重要概念：损益。它的含义是增减、兴革，即对前代典章制度、礼仪规范等有继承、沿袭，也有改革、变通。子张问“十世”者，世为朝代，意即今后之十代，其制度变易如何、所走过的路不会全然没有任何痕迹，循着它，可以通向何方，一个国家的历史和文化亦有其演变的印迹可循，可知我们将要通向何方。故孔子先征以夏商周三代之沿革，后答以未来。原有的不合时宜的东西，加以废弃，谓之损；其为时代之所需而原来没有的，便加以建立，谓之益。殷有天下，依于夏朝之礼制，有损有益。周有天下，依于殷朝之礼制，其所损益亦然。其或继周而有天下者，亦必依于周礼而损益之。如是虽百世而亦可知也。变的是制度，不变的是基本的伦常，那也是礼之根本。

孔子开导子张，礼之根本永远不会改变。

注释

①世：古时称三十年为一世，一世为一代。也有人把“世”解释为朝代。也：表疑问的语气词。②殷：殷朝，即商朝，商王盘庚迁都于殷（今河南安阳西北），后来就称商朝为“殷”。因：因袭，沿袭。

译文

子张问：“今后十代的礼制现在可以预知吗？”孔子说：“殷代承袭夏代的礼制，其中废除和增加的内容是可以知道的；周代继承殷代的礼制，其中废除和增加的内容，也是可以知道的。那么以后如果有继承周朝的朝代，就是在一百代以后，也是可以预先知道的。”

子曰：“非其鬼而祭之，谄也。见义不为，无勇也。”

题解

孔子提出“义”和“勇”的概念，都是儒家有关塑造高尚人格的规范。《论语集解》注：“义，所宜为。”符合仁、礼要求的，就是义。“勇”，就是果敢、勇敢。孔子把“勇”作为实行“仁”的条件之一。“勇”，必须符合“仁、义、礼、智”，才算是勇，否则就是“乱”。

按照周礼，祭祀是国之大事，有着详细的制度。但到了春秋末期，礼崩乐坏，很多诸侯国的国君已经不再遵守周礼所定的祭祀之礼了。不是自己应该祭祀的鬼神而去祭祀，其意在求福，自是一种谄媚之举。见义不为，一则由于畏难，二则由于避祸。畏难是庸碌者所为，避祸则贤者有时也难免。祸有当避，有不当避，孟子就讲，所恶有甚于死者，故患有所不避也。而在见义之后不能挺身而出，那就是没有勇气。

译文

孔子说：“祭祀不该自己祭祀的鬼神，那是献媚；见到合乎正义的事而不做，那是没有勇气。”

孔子认为，见义而为，敢于驳斥小人，可以称为勇。

八佾篇第三

孔子谓季氏[1]："八佾舞于庭[2]，是可忍也[3]，孰不可忍也？"

题解

这段话是孔子直接针对季氏僭用礼乐的行为而发的。春秋末期，社会处于剧烈的变化之中，违背周礼、犯上作乱的事情不断发生。季孙氏用八佾舞于庭院，是典型的破坏周礼的行为。对此，孔子表现出极大的愤慨，"是可忍也，孰不可忍也"一句，反映了孔子性格鲜明的一面，他对于理想的坚持是有原则的。

季孙氏在自己家里用天子的规格奏乐舞蹈，这是典型的僭越行为。

在孔子时代，鲁国有孟孙、仲孙、季孙三家权臣，整个政权都操在他们手上，国君对他们也无可奈何。季氏即季孙氏，他作为卿大夫本来只能用四佾规格的乐舞，但他却僭用了只有天子才能用的八佾规格的乐舞。飘风起于青蘋之末，祸乱始于人心之变乱，风气变坏始于规矩之坏，故孔子以这件事断定，季氏将来什么事都做得出来。果然，没过多久，季氏削弱鲁国公室，三家权臣联合起来攻打鲁昭公，昭公出奔到齐，后又至晋，死于晋国的乾侯。

注释

①季氏：季孙氏，鲁国大夫。②八佾（yì）：古代奏乐舞蹈，每行八人，称为一佾。天子可用八佾，即六十四人；诸侯六佾，即四十八人；大夫四佾，即三十二人。季氏应该用四佾。③忍：忍心，狠心。

译文

孔子谈到季孙氏时说："他用只有天子才能用的八佾在庭院中奏乐舞蹈，这样的事都狠心做得出来，还有什么事不能狠心做出来呢？"

三家者以《雍》彻[①]。子曰："'相维辟公，天子穆穆[②]'，奚取于三家之堂？"

题解

本章与前章都是谈鲁国当政者违"礼"的事。对于这些越礼犯上的举动，孔子表现得极为愤慨。天子有天子之礼，诸侯有诸侯之礼，礼是根本的秩序，各守各的礼，秩序才能维持，天下才能安定。因此，"礼"是孔子政治思想体系中的重要范畴，被孔子看得极重。

礼乐在孔子心目中具有神圣的地位，是国家秩序和传统文化精神的象征，远远超越单纯的娱乐和消遣之用。三家权臣僭用天子的礼乐，其用心昭然若揭。所以孔子引用古代的诗说："相维辟公，天子穆穆。"意思是说，在中央天子奏《雍》这支国乐的时候，天子站在中央，辟公（当时的诸侯）站在两边拥护着天子，然后天子目不斜视地从中间走过。这是十分庄严的，因为天子是社稷的象征。孔子所处时代的社会风气已然变坏，国家精神和人文精神亦在逐渐消失，所以孔子感到十分痛心。

注释

①三家：鲁国当政的三家大夫孟孙、叔孙、季孙。《雍》：《诗经·周颂》中的一篇，为周天子举行祭礼后撤去祭品、祭器时所唱的诗。彻：通"撤"，古代祭礼完毕后撤祭馔，乐人唱诗以娱神。②"相维辟公，天子穆穆"二句：诸侯都来助祭，天子恭敬地主祭。见《雍》诗。相（xiàng），助祭的人。维，用于句中的助词，可以译为"是"。辟（bì）公，诸侯。穆穆，庄严肃穆。

译文

孟孙、叔孙和季孙三家祭祖时，唱着《雍》这首诗歌来撤除祭品。孔子说："《雍》诗说的'诸侯都来助祭，天子恭敬地主祭'怎么能用在三家大夫的庙堂上呢？"

子曰："人而不仁，如礼何[1]？人而不仁，如乐何？"

题解

礼与乐都是制度文明，而仁则是人们内心的道德规范，是人文的基础。所以，乐必须反映人们的仁德。乐是表达人们思想情感的一种形式，在古代，它也是礼的一部分。礼与乐都是外在的表现。这里，孔子指出礼、乐的核心与根本是仁，没有仁德的人，根本谈不上什么礼、乐的问题。

仁是孔子学说的中心，它来自固有的道德，是礼乐所由之本。礼讲谦让敬人，乐须八音和谐，无相夺伦。一个人没有仁的本质，则无谦让敬人、和谐无夺等美德，即便行礼奏乐，也不具有实质意义。所以，人而不仁，礼对他有什么用？人而不仁，乐对他有什么用？这里即是说不仁之人，是需要礼乐的。

注释

①如礼何：怎样对待礼仪制度。

译文

孔子说："做人如果没有仁德，怎么对待礼仪制度呢？做人如果没有仁德，怎么对待音乐呢？"

林放问礼之本[1]。子曰："大哉问！礼，与其奢也，宁俭；丧，与其易也[2]，宁戚。"

题解

孔子在这里阐述了"礼"的真义："礼"是以真诚的情感为基础的，而不是虚文浮饰的事物。林放问礼之本，孔子在这里没有正面回答他的问题。但仔细一想，孔子明确说明了礼之根本的问题不在形式而在内心。不能只停留在表面仪式上，真实、真诚、真心才是礼的根本。

林放提的问题很大，本来不是三言两语就能讲清楚的，即使讲了，也有可能因为受知识和阅历的限制而难以理解和领悟。孔子的回答是智慧的，他不去空泛地谈论礼的根本是什么，而是就现实中礼仪的奢华铺排和丧礼的仪式周全发论。礼贵在得宜适中，铺张奢侈和俭约节省代表两个极端，都不是尽善尽美，但俭可以避免繁文缛节，比较接近礼的本源，就是真诚的心意。丧礼强调真诚心意，更甚于其他的礼，所以孔子对此特别加以说明。知道礼之本后，就不会为虚荣心所驱使去做舍本逐末的事。

孔子认为，礼之根本不在形式而在内心，治丧的核心是内心哀痛，而不是仪式上的面面俱到。

注释

①林放：鲁国人。②易：治理，办妥。

译文

林放问礼的根本。孔子说："你的问题意义重大啊！礼，与其求形式上的豪华，不如俭朴一些好；治丧，与其在仪式上面面俱到，不如内心真正悲痛。"

子曰："夷狄之有君①，不如诸夏之亡也②。"

题解

孔子这两句话乃是针对当时华夏诸国君不君、臣不臣现象的伤时之语。孔子的思想里有明确的"夷夏观"，后世则逐渐演变成"夷夏之防"的观念。这不是像有些人说的是在宣扬大汉族主义，孔子的本义是在提倡礼乐文明的传统。

夷狄在古代是指文化落后的边远地区，没有所谓的礼乐教化。当时诸夏是周朝诸国，为华夏文明区。春秋时期，周朝曾经五年没有天子；鲁国曾经九年没有国君。孔子的思想是以礼乐文化为中心，认为那些落后地区的蛮族虽然也有君主，但没有文化，不如华夏文明区，即使没有君主，但传统的文化精神还是在世世代代相传。所以孔子这句话的意思就是说，有政权的存在而没有文化的精神有什么用呢？

注释

①夷狄：古代中原地区的人对周边少数民族的贬称，谓之不开化。②诸夏：古代

中原地区华夏族的自称。亡（wú）：通“无”。

译文

孔子说：“边远地区有君主而不讲礼节，还不如中原地区没有君主而讲礼节哩。”

季氏旅于泰山[1]。子谓冉有曰[2]：“女弗能救与？”对曰：“不能。”子曰：“呜呼！曾谓泰山不如林放乎？”

题解

在这一章，孔子对当时季孙氏的“僭礼”行径进行抨击，谈论的仍旧是礼的问题。祭祀泰山在古代是天子和诸侯的专权，这是礼的规定。季孙氏只是鲁国的大夫，竟然也去祭祀泰山，而冉有身为季氏的家臣却不能阻止。孔子对这样“僭礼”的行径，不说季氏如何，也不再谴责冉有该如何，而是唏嘘感叹：难道泰山之神还不如林放懂礼？因为林放作为一个普通人，尚且懂得问礼之根本，而身居上位的季孙氏却不遵循礼，而且认为神灵会接受他这种无礼的人间欲求。

注释

①旅：祭山，这里做动词用。在当时，只有天子和诸侯才有资格祭祀名山大川。②冉有：名求，字子有，孔子的学生，比孔子小二十九岁。冉有当时在季氏门下做事。

译文

季氏要去祭祀泰山，孔子对冉有说：“你不能阻止吗？”冉有回答说：“不能。”孔子说：“唉！难道说泰山之神还不如林放懂礼吗？”

孔子指责冉有不阻止季氏祭祀泰山的僭礼行为。

子曰："君子无所争。必也射乎①！揖让而升②，下而饮，其争也君子。"

题解

孔子在这里所说的反映了儒家思想的一个重要特点，即强调谦逊礼让而反对无礼的、不公正的竞争。孔子在这里所说的"君子无所争"，这个"争"指的是争斗，而不是合理的竞争，合理的竞争应该是有法则、有秩序的，这才是孔子所提倡的。

儒家倡导谦逊礼让的君子之争，反对恶性竞争。

射是六艺之一，为自古战阵所必需，是贵族男子必学的基本技艺之一。平时则有射艺比赛，定有明确的礼仪。君子谦谦，向来与人无争。一定说有的话，那就是射箭。射礼在堂上举行，在走上堂和走下堂时，都会揖让作礼，无论胜负都会饮酒，负者先饮，胜者陪之。只有在射箭时，各显示其技艺，以求射中正中心，这就是所谓的"君子之争"。整个过程依礼而行，重点在参与人际互动，而不在胜过他人，不同于小人之争，显得雍容和谐。

注释

①射：指古代的射礼。大射礼规定两人一组，相互作揖然后登堂，射完再相互作揖退下。各组射完后，再作揖登堂饮酒。②揖：拱手行礼。

译文

孔子说："君子没有什么可与他人争的事情。如果有，一定是比射箭。比赛时，相互作揖谦让后上场。射完后，登堂喝酒。这是一种君子之争。"

子夏问曰："'巧笑倩兮①，美目盼兮②，素以为绚兮③'，何谓也？"子曰："绘事后素。"曰："礼后乎？"子曰："起予者商也④！始可与言《诗》已矣。"

题解

子夏问诗，认为丽质天生的美女不必多作装饰，只是穿上素色衣服就很吸引人了，其本意在于礼仪形式之华美，而孔子的回答在于礼仪之实，即内容之美。子夏理明辞达，领悟力很高，马上受到启发，因论诗而知学。孺子可教，于是孔子赞扬子夏从"绘事后素"中体会到"礼后乎"，就是用绘画做比喻来说明仁和礼的关系。他认为，外表的礼节仪式同内心的真实情感应是统一的，如同绘画一样，如果质地不洁，就不能画出丰富多彩的图案。

注释

①倩：笑容美好。②盼：眼睛黑白分明。③绚（xuàn）：有文采。这三句诗前两句见《诗经·卫风·硕人》，第三句可能是逸诗。④起：启发。

译文

子夏问道："'轻盈的笑脸多美呀，黑白分明的眼睛多媚呀，好像在洁白的质地上画美丽的图案呀。'这几句诗是什么意思呢？"孔子说："先有白色底子，然后在上面画画。"子夏说："这么说礼仪是在有了仁德之心之后才产生的了？"孔子说："能够启发我思想的是卜商啊！可以开始和你谈论《诗经》了。"

孔子用绘画作比喻，为子夏阐释礼仪与仁德的关系。

子曰："夏礼，吾能言之，杞不足征也①；殷礼，吾能言之，宋不足征也②。文献不足故也③。足，则吾能征之矣。"

题解

这段话表明两个问题。第一，孔子认为，对夏礼、殷礼的说明，要依赖足够的历史典籍和贤人来阐述，这些反映了他对知识的实事求是的态度。第二，孔子对夏商周三代的礼仪制度非常熟悉，他希望人们都能恪守礼的规范，可惜当时僭礼的人实在太多了。

徒具形式的禘祭一开始，孔子就不想再看下去了。

孔子博学多识，但是不轻易下断语，对于有关文献典籍和历史事实则更是十分谨慎。夏朝的礼，孔子能说，但须取得证明。然而夏朝灭亡后，子孙封于杞国，积弱不振，多次迁徙，其文史记载不足以为证。殷朝的礼，孔子也能说，然而为殷朝后代的宋国国势也每况愈下，其文献资料也不足以为证。夏、殷之礼，孔子虽然能知能言，却尚须寻求文献，以为征信，由此可见孔子强调言必有所据的一面。

注释

①杞：国名，杞君是夏禹的后代，周初的故城在今河南杞县，其后迁移。征：证明、验证。②宋：国名，宋君是商汤的后代，故城在今河南商丘市南。③文献：文，典籍；献，指贤人。

译文

孔子说："夏代的礼仪制度，我能说一说，但它的后代杞国不足以作证明；殷代的礼仪制度，我能说一说，但它的后代宋国不足以作证明。这是杞、宋两国的历史资料和知礼人才不足的缘故。如果有足够的历史资料和懂礼的人才，我就可以验证这两代的礼了。”

子曰：“禘自既灌而往者[1]，吾不欲观之矣。”

题解

这是孔子对鲁国举行禘礼是非礼的评论，反映出当时礼崩乐坏的状况，也表示达了他对现状的不满。

禘祭是古代祭祀天地祖宗的大礼，源自人类对不可知事物的敬畏心理，为人心虔诚之信仰。只有天子才可以主持，代表民众的愿望与天地祖宗进行沟通交流，使之降福人间。因此，不仅仪式隆重而盛大，更要在内心保持诚敬。

然而到了春秋末期，孔子看到的禘祭已经是徒有铺排的仪式而没有诚心敬意之实了。这标志着传统文化的衰落，所以孔子会痛心地说：“不想继续看下去了。”

注释

①禘（dì）：一种极为隆重的祭礼，只有天子才能举行。灌：祭礼开始时，向代表受祭者献酒的仪式。

译文

孔子说：“举行禘祭的仪式，从完成第一次献酒以后，我就不想看下去了。”

或问禘之说。子曰：“不知也。知其说者之于天下也，其如示诸斯乎[1]！”指其掌。

题解

孔子认为，鲁国的禘祭已名分颠倒，不值一看，所以当有人问及禘祭，他故作不知。但他紧接着又说，谁能懂得禘祭的道理，治理天下就容易了。这就是说，谁懂得禘祭的规定，谁就可以恢复天下的秩序于礼。

孔子说不知有三种可能性：一是问题太大了，无从说起；二是禘礼已被僭用，孔子为鲁君讳，不敢妄议其是非；三是孔子对禘祭没完全掌握，故不轻易言说。但他无疑知道禘祭的精神内涵：禘祭界定了人与天、地、祖先的关系，引发人的报本反始之心，意义重大，只要明白其中的道理，治国就顺理成章了。

注释

①示：有二义，一为“置”，摆或放的意思，即指放在手上的东西，一目了然；二为“视”。两说皆通，今从前说。斯：指后面的“掌”字。

孔子指着自己的手掌说，知道禘礼的人治理天下，大概就像把东西放在这里一样容易吧。

译文

有人问孔子关于举行禘祭的内容，孔子说：“不知道。知道的人治理天下，可能像把东西放在这里一样容易吧！”说的时候，指着自己的手掌。

祭如在①，祭神如神在。子曰：“吾不与祭②，如不祭。”

题解

孔子平时很少提及鬼神之事，如他说：“敬鬼神而远之。”所以，这一章他说祭祖先、祭鬼神，就好像祖先、鬼神真在面前一样。并非认为鬼神真的存在，而是强调参加祭祀的人内心应当有虔诚的情感。这样看来，孔子主张进行的祭祀活动主要是道德的而不是宗教的。

注释

①祭如在：祭祀祖先时，好像祖先真的就在面前。祭，祭祀。在，存在，这里指活着。②与：参与。

译文

祭祀祖先时，好像祖先真的在面前；祭神的时候，好像神真的在面前。孔子说：“我如果不亲自参加祭祀，祭了就跟不祭一样。”

王孙贾问曰[①]：“‘与其媚于奥[②]，宁媚于灶[③]’，何谓也？”子曰：“不然，获罪于天，无所祷也。”

题解

古人认为奥神的地位高于灶神，王孙贾是卫国的权臣，在此以奥神比喻卫灵公，以灶神比喻卫灵公身边有权势的臣子，用这个当时的俗语暗示孔子与其奉承卫灵公不如奉承他身边的权臣。孔子不以为然，认为做事违背道理，得罪上天，到什么地方祷告也没用。只要顺理而行，就不用去谄媚于人。

朱熹认为王孙贾是卫国权臣，他这样引用当时的俗语来询问孔子的看法，实际上是讽喻孔子，效忠君王不如阿附权臣（指王孙贾自己），体现了人对于切身利益的欲求。孔子却认为，一个人非分而求，便是得罪于天，必受天谴。

注释

①王孙贾：卫国权臣。据说他是周王之后，因得罪周王，出仕于卫。他的问话，用的是比喻，带有挑衅意味。②奥：后室的西南角，被视为尊者所居的位置。③灶：古人认为灶里有神，因此在灶边祭之。这里王孙贾以奥比喻卫灵公或其宠姬南子，以灶自喻，暗示孔子与其巴结卫灵公及南子，不如巴结自己更实惠。

译文

王孙贾问道：“‘与其巴结奥神，不如巴结灶神’，这是什么意思？”孔子说：“不是这样的。如果得罪了上天，到什么地方去祷告求情也是无用的。”

子曰：“周监于二代[①]，郁郁乎文哉[②]！吾从周。”

题解

孔子对夏商周的礼仪制度等有深入的研究。他认为，历史和文化是不能割断的，其必有所依循而复有所演变的发展之道，后一个王朝对前一个王朝必然有承继、沿袭。周礼就是在夏商二代之礼的基础上加以损益形成的，因此礼乐制度完备而盛极，所以孔子主张遵从周礼。我们今天的中国文化，也是周朝文化沿革、发展、损益的结果。“郁郁乎文哉”是孔子对周礼的评价，意思是说周礼制度完备、仪式谨严，是多么地丰富多彩啊！于是发出了由衷的赞叹，表示自己接受周代的礼制。

注释

①监（jiàn）：通“鉴”，借鉴。二代：指夏、商二代。②郁郁：文采盛貌。文：指礼乐制度。

译文

孔子说：“周代的礼仪制度是参照夏朝和商朝修订的，多么丰富多彩啊！我主张接受周代的。”

子入太庙[1]，每事问。或曰：“孰谓鄹人之子知礼乎[2]？入太庙，每事问。”子闻之，曰：“是礼也。”

题解

孔子对周礼十分熟悉，他来到祭祀周公的太庙里却每件事都要问他人。所以，有人就对他是否真的懂礼表示怀疑。孔子听到后，不以为忤，亦不以为耻，还很坚持：这就是礼啊。孔子这种“每事问”的行为体现了他谦逊好学的态度，认为学无止境，故虚心向人请教。同时也说明他对祭祀大典的诚敬谨慎，不以问人为耻。

注释

①太庙：开国的君主叫太祖，太祖的庙叫太庙。这里指周公的庙，周公是鲁国最先受封的君主。②鄹（zōu）：鲁国地名，在今山东省曲阜市东南。孔子的父亲做过鄹大夫，所以这里称为鄹人。

孔子虚心向别人请教太庙礼仪。

译文

孔子进入太庙，每遇到一件事都细细地询问。有人说：“谁说鄹邑大夫的儿子懂得礼仪呀？他进到太庙里，每件事都要问人。”孔子听到这话，说：“这正是礼嘛。”

子曰：“射不主皮①，为力不同科②，古之道也。”

题解

“射”是周代贵族经常举行的一种礼节仪式，属于周礼的内容之一。孔子在这里说明了射礼所重之事是在于能射中目标，而不在于射穿箭靶的皮革。因为古时射礼所行之道在于观人品行，注重养德。古时不主张射穿其皮，只要射中靶心即可，即便稍偏亦无不可。因为各人的力气大小不同等，君子无所争，君子尚礼不尚力。而主皮之射就是崇尚武力，流于粗野及争胜。

注释

①射不主皮：皮，代指箭靶。古代箭靶叫“侯”，用布或皮做成，中心画着猛兽等。孔子此处讲的射不是军事上的射，而是练习礼乐的射，因此以中不中为主，不以穿破皮侯为主。②为（wèi）：因为。同科：同等，同级。

孔子借射礼教导弟子们要注重养德。

译文

孔子说：“比射箭，主要不是看能否射穿皮做的箭靶子，因为各人力气大小不同。这是古时候的规则。”

子贡欲去告朔之饩羊①。子曰：“赐也，尔爱其羊，我爱其礼。”

题解

古时天子在每年秋冬之际，颁发来年的历书给诸侯，诸侯领受后把历书藏放在祖庙，并按照历书规定每月初一杀一只活羊祭庙，这叫作“告朔”。当时的鲁国君主已不亲自去“告朔”，“告朔”已经成为形式，所以子贡提出免掉“饩羊”奉供。对此，孔子不以为然，表明了他重视古礼的保存的态度。当时鲁国国君虽然并没有废除告祭祖庙的仪式，但已经不亲临祖庙告祭，也不听政，只是杀一只羊代祭。国君尚且不能做到循礼以为表率，可见当时社会风尚之堕落，故孔子大为叹息。

注释

①去：去掉，废除。告朔之饩（xì）羊：告朔，朔为每月的第一天。周天子于每年秋冬之交向诸侯颁布来年的历书，历书包括指明有无闰月、每月的朔日是哪一天，这就叫“告朔”。诸侯接受历书后，藏于祖庙。每逢初一，便杀一头羊祭于庙。羊杀而不烹叫“饩”（烹熟则叫“飨”）。告朔饩羊是古代一种祭礼制度。

译文

子贡想把每月初一告祭祖庙的羊废去不用。孔子说：“赐呀！你爱惜那只羊，我则爱惜那种礼。”

子曰：“事君尽礼，人以为谄也。”

题解

这一章从侧面反映当时的君臣关系已经遭到破坏。其时臣侍奉君多无礼，故有人做到了服侍君主尽臣子之礼，却反被认为是在谄媚，故孔子有此感慨。

译文

孔子说：“按照礼节去侍奉君主，他人却认为这是在讨好君主哩。”

定公问①：“君使臣，臣事君，如之何？”孔子对曰：“君使臣以礼，臣事君以忠。”

题解

这一章阐述了孔子君臣之礼的主要内容，即国君依礼役使臣子，而臣子侍奉国君要尽忠。从本章的语言环境来看，孔子还是侧重于对君的要求，强调君应依礼待臣，还不像后世那样：君主可以无礼，臣下必须尽忠，以至于发展到愚忠。

君臣相待，应当各尽其道。君应当以礼使臣，凡事当依国家所定的规矩而行，不能粗率简易。臣应当以忠事君，不能欺君罔上，要尽其应尽的职责。有圣明的君主则有贤臣，这样上安下顺，就是清明的政治。

孔子告诫鲁定公，君主对臣子要以礼相待。

注释

①定公：鲁国国君，姓姬名宋，“定”是谥号。

译文

鲁定公问：“国君役使臣子，臣子服侍君主，各应该怎么做？”孔子答道：“君主应该按照礼节役使臣子，臣子应该用忠心来服侍君主。”

子曰：“《关雎》乐而不淫①，哀而不伤。”

题解

孔子赞美《关雎》一诗的情感适度合宜，发乎情而止于礼，或乐或哀皆不失其正，体现了他对“中庸”之美的推崇。

《诗经》中正和平，温柔敦厚。它由国风《周南》开始，而《关雎》是《周南》的第一篇。《关雎》以《诗经》首篇的显要位置，历来受人关注。但在《诗经》的研究史

《关雎图》。

上，人们对《关雎》诗义的理解却多有分歧。《毛诗序》认为，这首诗是赞美“后妃之德”的，以为女子只有忠贞贤淑、含蓄克制，才能够配得上王侯。因此，把这首诗放在《诗经》之首，以明教化。

注释

①关雎（jū）：《诗经》中的第一篇。

译文

孔子说：“《关雎》这首诗快乐而不放荡，悲哀而不悲伤。”

哀公问社于宰我[1]。宰我对曰：“夏后氏以松，殷人以柏，周人以栗，曰使民战栗。”子闻之，曰：“成事不说，遂事不谏[2]，既往不咎。”

题解

古时立国都要建立祭土神的庙，选用宜于当地生长的树木做土神的牌位。宰我回答鲁哀公说，夏朝用松树，是取其不易凋零永久之意；殷朝用柏树，是取其万古长青丰茂的勃勃生机；周朝用栗木做社主是为了使百姓有所战栗畏惧。孔子对周朝的文治武功都很赞赏，认为只在栗木做社的事上做得不大妥当，但对前代的圣人，不便多加批评，所以他说过去的已经不可挽回，那就不必再加追究了。

鲁哀公问宰我祭祀土地神的牌位该用什么木料。

注释

①社：土地神，祭祀土神的庙也称社。宰我：名予，字子我，孔子的学生。②遂事：已完成的事。

译文

鲁哀公问宰我，做土地神的神位应该用什么木料。宰我回答说：“夏代人用松木，殷代人用柏木，周代人用栗木，目的是使百姓战战栗栗。”孔子听到这些话，告诫宰我说："已经过去的事不用解释了，已经完成的事不要再劝谏了，已过去的事也不要再追究了。"

子曰："管仲之器小哉①！"或曰："管仲俭乎？"曰："管氏有三归②，官事不摄③，焉得俭？""然则管仲知礼乎？"曰："邦君树塞门④，管氏亦树塞门。邦君为两君之好，有反坫⑤，管氏亦有反坫。管氏而知礼，孰不知礼？"

题解

在《论语》中，孔子对管仲的评论有四处，有批评，也有肯定。这里，孔子指出管仲一不节俭、二不知礼的缺点，目的是宣扬儒家的"节俭"和"礼制"。孔子说管仲器小，不是指管仲的器量，而是指管仲虽然懂得治国，却不懂得推行礼乐之道。

管仲辅佐齐桓公九合诸侯，一匡天下，成为春秋初期的霸主，有大功于民，但是未能继续修身立德，走入王道，以致终究局限在世俗的荣华富贵中，没有正大光明的气象，所以孔子说他的见识与度量小了些。管仲筑三归之台，以为游玩观赏之所，在经济上十分奢侈浪费，而且因人设官，重重叠叠设置了太多的部门，本来可以精简的他却没有简化，这是在行政上的不俭。国君齐桓公在大门外建立屏风——塞门，管仲的宰相府也建立塞门，这是其僭礼之一。诸侯为了两国的宴会，设有放置酒杯的反坫之坛，非大夫所宜用，而管仲也有反坫，这是其僭礼之二。就凭这两点，如果说管仲也懂礼的话，那天下之人还有哪谁不懂礼呢？

注释

①管仲：名夷吾，齐桓公时的宰相，辅助齐桓公成为诸侯的霸主。②三归：三处豪华的公馆。③摄：兼任。④树塞门：树，树立。塞门，在大门口筑的一道短墙，以别内外，相当于屏风、照壁等。⑤反坫（diàn）：古代君主招待他国国君时，放置献过酒的空杯子的土台。

译文

孔子说："管仲的器量太小啦！"有人问："管仲节俭吗？"孔子说："管仲有三处豪华的公馆，他手下的人从不兼职，怎么能称得上节俭呢？”“那么管仲懂礼仪吗？”孔子说：“国君在宫门前立了一道影壁，管仲也在自家门口立了影壁；国君设宴招待别国君主、举行友好会见时，在堂上设有放置空酒杯的土台，管仲宴客也就有这样的土台。如果说管仲知礼，那还有谁不知礼呢？”

子语鲁大师乐[①]，曰：“乐其可知也：始作，翕如也[②]；从之[③]，纯如也[④]，皦如也[⑤]，绎如也[⑥]，以成[⑦]。”

题解

乐是孔子教育的重要内容之一。这一章孔子告诉鲁国乐官音乐演奏的全过程，反映了孔子的音乐思想和高超的音乐欣赏水平。

鲁国乐官奏乐。

音乐对人有感染浸润的作用，孔子提倡乐感教育，他自己对音乐是很在行的。他给鲁国大师讲解奏乐技艺时说，音乐开始的时候，是轻轻地舒展开来。接着音乐声由小而大，但是很纯正。后来到了高潮，或激昂慷慨，或庄严肃穆，有着勃然的生机，又有敦厚蕴藉的内蕴。最后乐曲奏完了，但还是余音缭绕，好像还有幽幽未尽的情韵。这便是成功的音乐。

注释

①语（yù）：告诉，做动词用。大（tài）师：太师，乐官名。②翕（xī）：意为合，聚，协调。③从（zòng）：放纵，展开。④纯：美好、和谐。⑤皦（jiǎo）：音节分明。⑥绎：连续不断。⑦以成：以之而成，即以从之纯如、皦如、绎如三者而成。

译文

孔子给鲁国乐官讲奏乐过程：“奏乐过程是可以了解的：开始演奏时，各种乐器合奏，声音洪亮而优美，听众随着乐声响起而为之振奋；乐曲展开后美好而和谐，节奏分明，连续不断，如流水绵绵流淌，直至演奏结束。”

仪封人请见①。曰：“君子之至于斯也，吾未尝不得见也。”从者见之②。出曰：“二三子何患于丧乎③？天下之无道也久矣，天将以夫子为木铎④。”

题解

孔子在他所处的那个时代是十分有影响的人，信服孔子的人很多，仪封人便是其中之一。他在见过孔子之后，就认为上天将以孔夫子为圣人来教化天下，预言了孔子将垂教万世。

仪封人对孔子的弟子感叹道：天下无道已经很久了，你们的老师正是上天派来教化世人的圣人啊。

木铎是用来敲响警惕人心的。天下之无道也久矣，人心渐已倦怠，但只要还有人在不倦地追求，这世界就还有希望。天下不能永远无道，既然无道已久，上天将以夫子为木铎，来警醒世人，以先王之道来施教于天下，进而唤起民心。

注释

①仪封人：仪，地名。封人，镇守边疆的小官。请见：请求会见孔子。②从者：随从之人。见之：让他被接见。③二三子：你们这些人。患：忧愁，担心。丧（sàng）：失掉官位。④木铎：以木为舌的铜铃，古代用以宣布政教法令。

译文

仪地的一个小官请求会见孔子，说：“凡是到这个地方的君子，我没有不求见的。”孔子的学生们领他去见孔子。出来以后，他说：“你们几位为什么担心失去官位呢？天下无道已经很久了，因此上天将以孔夫子为圣人来教化天下。”

子谓《韶》[1]："尽美矣[2]，又尽善也[3]。"谓《武》[4]："尽美矣，未尽善也。"

题解

因为乐教在孔子个人及他的学生心中都有非常重要的地位，所以他曾和当时的乐人不断有交往。前面"子语鲁太师乐"一章，及《卫灵公》"师冕见，及阶，子曰，阶也"一章，可以证明。《微子》"大师挚适齐，亚饭干适楚"一章，必系孔子对于鲁国这七位乐人的风流云散，发出了深重的叹息，所以他的学生才这样郑重地把叮咛记下来。孔子对音乐的欣赏，《论语》上有很多的记载。

孔子不仅欣赏音乐，而且曾对音乐做了一番重要的整理工作。所以他说，"吾自卫反鲁，然后乐正，《雅》《颂》各得其所"（《子罕》）；这使诗与乐得到了它们原有的配合与统一。《史记·孔子世家》说"三百五篇，孔子皆弦歌之，以求合《韶》《武》《雅》《颂》之音，礼乐自此可得而述"，这种陈述也是可信的。

"尽善尽美"一词后来成为著名的成语，是孔子就《韶》乐和《武》乐表达了他的美学理想。他既重视艺术的形式美，更注重艺术内容的善。

一个时代的国家精神往往可以从当时的音乐中感受到，因为音乐是人心的流荡，浸染着当时的风俗。《韶》相传是舜帝时的音乐，雍容和雅。《吕氏春秋·古乐篇》载："帝舜乃命质修《九韶》《六列》《六英》以明帝德。"由此可知，舜作《韶》主要是用以歌颂帝尧的圣德，并示忠心继承。《韶》乐表达了尧舜时代以德治国、清明和泰的气象；《武》是周武王之乐，武王之有天下，由于伐纣而得，其乐演奏起来，虽然宏大壮美，但犹有杀伐之声，不如舜的音乐那样调和。说明孔子崇尚和平，反对武力战争，故评论《韶》乐尽美而又尽善，《武》乐尽美而未尽善。

注释

①《韶》：相传是舜时的乐曲名。②美：指乐曲的声音。③善：指乐曲的内容。④《武》：相传是周武王时的乐曲名。

译文

孔子评论《韶》，说："乐曲美极了，内容也好极了。"评论《武》，说：“乐曲美极了，内容还不是很好。”

子曰：“居上不宽，为礼不敬，临丧不哀，吾何以观之哉！”

题解

这一章充分反映了孔子以礼治国的思想。身居上位的人基于恕道，为人要宽厚，多为百姓着想，不能过分苛刻。因为水至清则无鱼，人至察则无徒，为人太过精明，在下位的人就不容易发挥他的才能。在礼的范围之内，居于上位者要爱护下面的人，下面的人也就会由衷地对身居上位的人恭敬。参加丧礼而没有一点儿哀戚之意，表现得与自己毫不相关，又何必去参加呢？孔子提出的居上不宽、为礼不敬、临丧不哀这三点，是有感于当时社会风气的颓坏现象，说像这个样子的社会没有什么可看，感叹当时文化思想的衰落。

在这一章里，孔子所说的实际上是“礼”要以内在的真实感情为基础，认为人的道德内在性是自我实现的必要条件，不能化为一套外在的力量。在古代历史中，在上位者有一套完整的维护统治的政治制度、礼仪制度和行为规范，可是，如果没有内在的真实感情、对他人的爱和尊敬，那么这一切都不过是为了维护统治，实现无限膨胀的私欲的规定而已。

“礼”的根源在于人的心灵的自然感情。如果这种礼的规定寓于其中的感情是冷漠的、丑恶的，甚至是残酷的，那么规定这种礼和执行这种礼的人就是虚伪的和丑恶的。

从孔子的学说来看，“礼”是外在的形式，而“仁”是内在的内容，没有仁的内容而徒有礼的形式，那么这个礼就没有了积极的意义，没有了价值。“仁”是什么呢？仁的核心是爱，是对人要有爱心。怎么爱？爱不仅仅是亲人之爱、恋人之爱，它的基础是道德的理性和感情的真实性，是一种自觉的对于他人的尊重和爱护。

译文

孔子说：“居于统治地位的人，不能宽宏大量，行礼的时候不恭敬，遭遇丧事时不悲伤哀痛，这个样子，我怎么看得下去呢？”

里仁篇第四

子曰：“里仁为美[①]。择不处仁，焉得知[②]？”

题解

孔子认为，选择居所最好是在风气仁厚的地方。

重视居住的环境，重视对朋友的选择，是儒家关于个人修养的思想的一个重要方面。环境对人有重大的影响，春秋时期的孔子就注意到了这个问题，所以他提出了居必择仁的原则。近朱者赤、近墨者黑，与有仁德的人住在一起，耳濡目染，就会受到仁德者的熏陶，这才是明智的选择。

孔子首先强调“为仁由己”，选择有仁爱的地方作为居住地点，因为仁人有着言传身教的影响力，可以辅助人进德修业。孟子的母亲就是一位智者，她为了孟子能在良好的环境中成长，曾经三次择地而居。孟子后来成为著名的思想家、教育家，被称为“亚圣”，而孟母三迁的故事也流芳千古。

注释

①里：可作名词讲，居住之地；也可以作动词讲，居住。均通。今从第二义。

②知：通“智”。

译文

孔子说：“居住在有仁风的地方才好。选择住处，不居住在有仁风的地方，怎能说是明智呢？”

子曰："不仁者不可以久处约①，不可以长处乐。仁者安仁，知者利仁②。"

题解

在这一章，孔子突出地强调了做人以仁为本的思想，认为没有仁德的人长久地处在贫困或安乐之中都会更加堕落，只有仁者才能安于仁，也只有智者才会行仁。有了仁的本心，就能在任何环境下做到矢志不移，保持节操。

孔子向人讲解"仁者安仁，知者利仁"的道理。

可能大多数人会在人生中经历贫富沉浮，但每个人对处在这样的境遇中有着不同的心态。不仁之人不可以久处贫困，久困则为非，也不可以长处富乐，长富则容易滋生骄奢淫逸之心。仁者宅心仁厚，为仁无所希求，只求心安理得，不会因为身处贫困而忧心悲戚，也不因为身处富贵而骄奢凌人，有着平和的心态和难得的情操志向，是为安仁。智者有洞明之识见，认识到仁对他有长远的利益而实行仁。

注释

①约：穷困之意。②知（zhì）：通"智"。

译文

孔子说："没有仁德的人不能够长久地安于穷困，也不能够长久地处于安乐之中。有仁德的人长期安心于推行慈爱精神，聪明的人认识到仁对他有长远的利益而实行仁。"

子曰："唯仁者能好人①，能恶人②。"

题解

在孔子看来，只有具有仁爱之心的人才是最公正的，这样的人没有私心。因为大公无私，所以能够真正地知道好恶，因而会有正确的爱和恨。而不仁之人心存私利，其所好者往往未必是善的，而其所恶者未必是恶的，不能真正做到好善恶恶。

注释

①好（hào）：爱好。②恶（wù）：厌恶。

译文

孔子说："只有讲仁爱的人，才能够正确地喜爱某人、厌恶某人。"

子曰："苟志于仁矣，无恶也。"

题解

这是紧接上一章而言的，仍然强调仁是做人的根本。孔子勉励人们立志行仁，就能够远离一切坏事。既不会犯上作乱、为非作恶，也不会骄奢淫逸。可以有益于国家，有利于百姓。

仁者立志于仁，以爱人之心为本，故能以仁厚待人。遇到好人，固然能以善心待之。遇到恶人，亦能以善心仁德劝之改恶向善。所以，一个人如果能立志于仁，就不会有向恶之心、从恶之行。

译文

孔子说："如果立志追求仁德，就不会去做坏事。"

子曰："富与贵是人之所欲也，不以其道得之，不处也；贫与贱是人之所恶也，不以其道得之，不去也。君子去仁，恶乎成名①？君子无终食之间违仁，造次必于是②，颠沛必于是③。"

题解

孔子在这里提出了一个极重要的普遍性现象：任何人想行仁，都不能脱离社会，仁者不一定富贵，但是一位真正的仁者是在任何情况下都不违背仁的。

孔子认为，君子即便在颠沛流离之中也会与仁同行。

任何人都不会甘愿过贫穷困顿、流离失所的生活，都希望得到富贵尊荣，但这必须通过正当的手段和途径去获取。否则，君子宁守清贫而不去享受富贵。

人之际遇，有顺有逆，然而在有所取舍的时候，要审慎地加以选择。就如富有和显贵是人人所期盼的，谁不想得到财富，身处尊贵之位呢，但有义存在其间。如果在理上是应得的当然好，但如果无功而受禄，无功而居高位，不应该得到的富贵偶然间却得到了，便为君子所深忧，因为君子不苟得。而贫困和下贱是人人都想避免的，但君子不能用正当的方法摆脱，就不苟免。因为舍去了仁，就失去了做君子的实质。君子之心常在于仁，未尝有一顿饭的工夫违背仁，即便是颠沛流离之际，他的心也在仁上。

注释

①恶（wū）乎：怎样。②造次：急促、仓促。③颠沛：用以形容人事困顿，社会动乱。

译文

孔子说："金钱和地位是每个人都想得到的，但是，以不正当的手段得到它们，君子不享受。贫困和卑贱是人们所厌恶的，但是，不通过正当的途径摆脱它们，君子是不会摆脱的。君子背离了仁的准则，怎么能够成名呢？君子不会在吃一顿饭的时间违背仁德，即使在匆忙紧迫的情况下也一定要遵守仁的准则，在颠沛流离的时候也和仁同在。"

子曰：“我未见好仁者，恶不仁者①。好仁者，无以尚之②；恶不仁者，其为仁矣，不使不仁者加乎其身。有能一日，用其力于仁矣乎？我未见力不足者。盖有之矣，我未之见也。”

题解

这一章是孔子教导人们为仁的方法。他认为只要努力去做，就能达到仁。真正为仁，“我未见力不足者”，强调了道德修养要依靠自觉的努力。而且重要的是从当日起就去做，今天行仁了，今天就得到了仁，这种思想一直影响着明代王阳明“知行合一”的心学。

仁不是人天生就有的德行，需要全努力以赴才有可能达成。好仁的人，凡事都能遵从仁，积极主动地去追求仁，没有人能比这样的人更勤于思考、勤于践行仁的了。讨厌不仁之人虽然比不上好仁者的积极主动，但能做到远离不仁者，洁身自好，不使不仁者的习气沾染到自己身上，而不为恶，亦得为仁。仁德之道关键在于践行，一个人倘若终日行仁德之事，是不会感到力量不足的。

注释

①好、恶：爱好、厌恶。②尚：通“上”，用作动词，超过的意思。

译文

孔子说：“我从未见过喜爱仁德的人和厌恶不仁德的人。喜爱仁德的人，那就没有比这更好的了；厌恶不仁德的人，他实行仁德，只是为了不使不仁德的事物加在自己身上。有谁能在某一天把他的力量都用在仁德方面吗？我没见过力量不够的。或许有这样的人，只是我没有见过罢了。”

子曰：“人之过也，各于其党①。观过，斯知仁矣②。”

题解

孔子在这一章谈的是观察、了解他人的方法。孔子认为，从一个人的优点固然可以了解人，但从一个人的过错更可以了解人。不仁的人往往失在刻薄凶狠，而仁人往往失在过于宽厚和善良。

人的性格各异，有的急躁，有的温和，有的爽朗，有的深沉。从一个人所犯的过错可以观照他的性格，再由性格去看一个人应该怎么走上人生正途。经由仁可以达成完善，使人能有所改正，并能吸取其中教训。了解所犯过错的前因后果，不再犯同样的错误，便是有所教益了。孔子强调的是多种视角的审视和反省。

孔子认为，考察一个人是否有仁德，最好的办法是观察他所犯错误的性质。

注释

①党：类别。②斯：则，就。仁：通“人”。

译文

孔子说：“人们所犯的错误，类型不一。所以观察一个人所犯错误的性质，就可以知道他的为人。”

子曰：“朝闻道①，夕死可矣。”

题解

这一段话在后世常常被追求真理的人所引用。真理是每个仁人志士矢志不渝的追求目标，哪怕付出生命的代价也在所不惜。

人之所以有别于动物，在于人能认识世界，能掌握自然规律，并能利用掌握的规律为人类的生产生活服务，所以“闻道”很重要。领悟了生活的真谛、宇宙中的真理，纵然朝闻夕死，亦会觉得心满意足，不虚此生，否则纵然高寿八百年，不得闻道，亦枉然为人。

注释

①道：道理，指真理。

译文

孔子说：“早晨能够得知真理，即使当晚死去也没有遗憾。”

子曰："士志于道，而耻恶衣恶食者，未足与议也。"

题解

本章和前一章讨论的都是道的问题。这里，孔子认为，一个人斤斤计较个人的物质享受，是不会有远大志向的。他的所由、所安都不在道，所以就不必与他讨论道的问题。

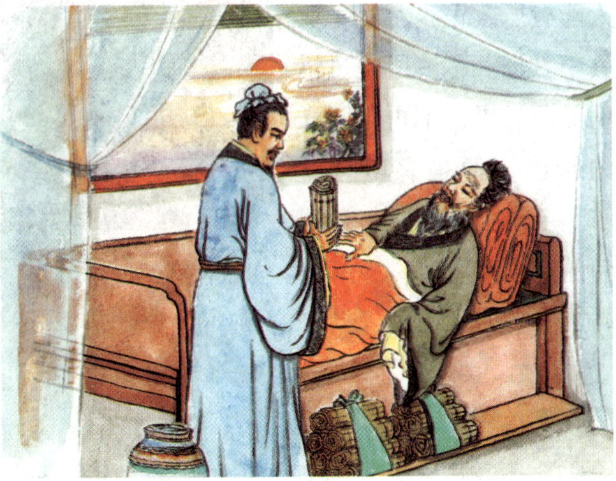

孔子教导弟子要矢志不渝地追求"道"。

在孔子心目中，士应该努力成为君子。如果一个人口头上说要学道，而又以生活穷困为可耻，表明他的心思仍然停留在名利上，实际上并未立下坚定的学道志向，故不值得与这样的人谈论道。

译文

孔子说："读书人立志于追求真理，但又以穿破衣、吃粗糙的饭食为耻，这种人不值得和他谈论真理。"

子曰："君子之于天下也，无适也[①]，无莫也[②]，义之与比[③]。"

题解

这一章里孔子提出对君子的基本要求："义之与比"。君子行仁则为人公正，不会偏私、固执成见，处事唯义所在，必然通达。

义与道（应行之道）相为表里。义的原意是"宜"，指恰到好处，而任何事情的恰到好处都需要符合"应该"的要求。君子的通达没有专主之亲，没有特定之疏，凡事对于他并无具体的规定，但不逾越"义"的规则的统摄。

注释

①适（dí）：通“嫡”，意为专主、依从。②莫：不肯。无适、无莫，指做事不固执。③义：适宜、妥当。比：亲近、相近。

译文

孔子说：“君子对于天下的事，没有规定一定要怎样做，也没有规定一定不要怎样做，而只考虑怎样做才恰当，就行了。”

孔子认为，君子要站在义的高度，把事情处理得恰到好处。

子曰：“君子怀德，小人怀土；君子怀刑，小人怀惠。”

题解

本章孔子提到君子与小人这两种不同类型的人，认为这两种人心怀和志向都不同。君子行仁，以德行与规范为重，自然怀德，而且关心的是国家的法度。而小人则只知道思恋乡土、小恩小惠，考虑的只有个人和家庭的生计，为了产业而忽略德行，并且为了私利而不惜破坏规范。换言之，小人以自我为中心，念念不忘的是求田问舍，追求财富和物质享受，不惜冒险以求其幸；而君子念兹在兹的则是如何进德修业，有所行动就想到是否符合此类典刑，故安分守法。

译文

孔子说：“君子心怀的是仁德；小人则怀恋乡土。君子关心的是刑罚和法度，小人则关心私利。”

子曰：“放于利而行①，多怨。”

题解

孔子在这章提出了待人处世之道的核心问题之一——义与利的问题。他

孔子认为，一个人唯利是图，就难免与人相争。

认为，作为君子，道总是大于利，利总是归于义，如果唯利是图，做任何事都容易招致来自各方的怨恨。一个人行事倘若全以利益为考量，任意发展，必然会导致怨恨交集。因为天下之利有限，难免引人相争。“终朝只恨聚无多，及到多时眼闭了。”有了诸多的欲求，总会感觉不满足，起心动念纯在私利，必然招致仇怨，实乃得不偿失，何况还偏离了人生正途。

注释

①放：或译为纵，谓纵心于利也；或释为依据，今从后说。利：这里指个人利益。

译文

孔子说：“如果依据个人的利益去做事，会招致很多怨恨。”

子曰：“能以礼让为国乎①，何有②？不能以礼让为国，如礼何③？”

题解

此章讲治国者必须礼让，因为礼主敬，依礼而行就会处事合宜；谦让生和，就会上下无争。能做到礼让，治国也就没有困难了。礼是人际关系的具体规范，让是人与人互相尊重的明确表现。仁的体用，首先在于礼让。懂得礼让就会去尊重他人的意愿和权利，就会设身处地为他人考虑，也就能够有发乎真心的关怀和仁爱。因为对他人有仁爱和尊重，他人亦会反过来给予尊重和仁爱。如此便可得人心，民心悦服，则国家自然得以大治。

注释

①礼让：礼节和谦让。②何有：何难之有，不难的意思。③如礼何：把礼怎么办，即如何实行礼制呢。

译文

孔子说："能用礼让的原则来治理国家吗，难道这有什么困难吗？如果不能用礼让的原则来治理国家，又怎么能实行礼制呢？"

子曰："不患无位，患所以立。不患莫己知，求为可知也。"

题解

这一章说明了君子求其在己。孔子并非不想身居官职，而是希望他的学生首先立足于自身的学问、修养、才能的培养，具备足以胜任官职的素质。人总是希望能在社会中实现自我价值，希望他人能了解自己并推崇自己。但这需要自己先确定立身之道，修养自身，具备为人所知、所重的能力。一旦进德修业有成，立德立功皆在望。

译文

孔子说："不愁没有职位，只愁没有足以胜任职务的本领。不愁没人知道自己，应该追求能使他人知道自己的本领。"

子曰："参乎！吾道一以贯之[①]。"曾子曰："唯。"子出。门人问曰："何谓也？"曾子曰："夫子之道，忠恕而已矣[②]。"

题解

忠恕之道是孔子思想的重要内容，待人忠恕是仁的基本要求，它贯穿于孔子思想的各个方面。孔子之道，一理贯穿万事，万事归于一理。

何谓忠恕？"忠"是为他人竭心尽力，对自己要求严格；"恕"是自己有虚怀若谷的宽容涵养，

孔子对曾参说：我的学说可以用一个根本原则贯通起来。

己所不欲，勿施于人，对他人宽宏大量。对自己要求严格，才能不会对自己的修养有所懈怠；对他人宽宏大量，才能多看到他人的好处和优点，从而发现自身的不足。

注释

①贯：贯穿，贯通。如以绳穿物。②忠恕：据朱熹注，尽己之心以待人叫作“忠”，推己及人叫作“恕”。

译文

孔子说：“曾参呀！我的学说可以用一个根本的原则贯通起来。”曾参答道：“是的。”孔子走出去以后，其他学生问道：“这是什么意思？”曾参说：“夫子的学说只不过是忠和恕罢了。”

子曰：“君子喻于义[1]，小人喻于利。”

题解

本章从义利的角度来区别君子与小人。小人追求个人利益，而君子亦会追求个人利益，但会先考虑所得是否合于义，以义为原则来规范自己的行为。这种义利观在中国历史上影响深远。

小人只关注自己的利益。

孟子说，鸡叫就起来，孜孜不倦行善的，是舜这一类人；鸡叫就起来，孜孜不倦求利的，是这跖一类人。要知道舜和跖的区别，没有别的，就在利和善之间。

注释

①喻：通晓，明白。

译文

孔子说：“君子懂得大义，小人只懂得小利。”

子曰："见贤思齐焉[①]，见不贤而内自省也[②]。"

题解

这里孔子勉励世人要以贤人为榜样，不断学习；以贤人为标准，坚持自我反省。看到贤人有高于自己的地方，立刻省察自己应该如何改善，加以学习，想着与之齐等。看到不贤的人，亦应该自我反省：我亦如此不贤吗？有则改之，无则加勉，凭借着反省的精神加以改善，于是乃能德学俱进。

注释

①贤：贤人，有贤德的人。齐：看齐。②省：反省，检查。

译文

孔子说："看见贤人就应该想着向他看齐；见到不贤的人，就要反省自己有没有类似的毛病。"

子曰："事父母几谏[①]。见志不从，又敬不违，劳而不怨[②]。"

题解

孔子这里讲到孝敬父母的具体做法。侍奉父母要恭敬无违。父母是人，自然可能犯错，子女最好先委婉地劝说。父母不听时，子女仍要对他们保持真心的孝顺，不可有怨恨父母之心。除此之外，子女自己要努力进德修业，要以和悦的态度、婉转的语言、适可而止的方式来劝谏父母。学会理解父母，设身处地、心平气和地想一想父母何以如此。

孔子认为侍奉父母要敬而不违，劳而无怨。

注释

①几（jī）：轻微，婉转。②劳：劳心；担忧。

译文

孔子说："侍奉父母，对他们的缺点应该委婉地劝止，即使自己的意见没有被采纳，仍然要对他们恭敬，不加违抗。只在心里忧愁而不怨恨。"

子曰："父母在，不远游。游必有方。"

题解

"父母在，不远游"是先秦儒家关于孝道的具体标准之一，对后世影响深远，以至于成了做子女的处世进退必须先考虑的前提。这种孝的原则在今天虽然已经失去了实际意义，但是行止之间心存父母之情还是必要的。"儿行千里母担忧"，父母之心如此，儿女当令父母放心，这是孝在日常生活中的具体体现。

孔子认为，父母在世时，子女最好不要远游。

译文

孔子说："父母活着的时候，子女不远游外地；即使出远门，也要有一定的去处。"

子曰："三年无改于父之道，可谓孝矣。"

题解

此章已见于《学而》篇，当是重出。

译文

孔子说："如果能够长时间地不改变父亲生前所坚持的准则，就可说做到了孝。”

子曰：“父母之年，不可不知也。一则以喜，一则以惧。”

题解

此章是说关心父母的年龄也是孝道之一。人生七十古来稀，子女成人自立，父母逐渐衰老，尽孝时日无多，是以父母之年不可不知。知而喜者，父母能得高寿，子女也能承欢；知而惧者，父母之年愈高，在世之日愈少，担忧子欲养而亲不在，尽孝应当及时。

译文

孔子说：“父母的年纪不能不知道，一方面因其长寿而高兴，另一方面因其年迈而有所担忧。”

子曰：“古者言之不出，耻躬之不逮也①。”

题解

孔子在这里提出重言、力行的重要性，不轻易说话，是因为要说到做到。孔子主张谨言慎行，就是要重诺。不轻易说话，更不随心所欲地发表看法，以说空话、说大话为耻，这才是知荣知耻。

注释

①逮：及，赶上。

译文

孔子说：“古代的君子从不轻易地发言表态，他们以说了而做不到为耻。”

子曰：“以约失之者鲜矣①。”

题解

孔子在这里谈的是自我约束和节制在为人处世上的重要性。一个人要想减少过失，自我约束是必不可少的。

注释

①约：约束，拘谨。

译文

孔子说：“因为约束自己而犯错误，这样的事比较少。”

子曰：“君子欲讷于言而敏于行①。”

题解

此章讲的是人的活动最重要的就是“言”和“行”，言的准则是要慎重、实在，当然说话就要慢一些；行的准则是要落实，当然就要快一些。君子沉默寡言，似乎不会说话，其实并非内心迟钝木讷，而是言语谨慎之故。但是办事必须敏捷，先行其言，而后从之。

注释

①讷（nè）：说话迟钝。

译文

孔子说：“君子说话应该谨慎，而行动要敏捷。”

子曰：“德不孤，必有邻。”

题解

这句话是孔子对于人们修养道德的勉励。有德的人是永远不会孤独的，这是因为人性向善，所以人们才“必定”亲近与支持有德者。这句话表明了孔子的信念，相信人性是“向善”的。

孔子认为，有德者总有与其志同道合的人为伴。

译文

孔子说："品德高尚的人不会孤独，一定有志同道合的人和他做伴。"

子游曰："事君数，斯辱矣；朋友数，斯疏矣。"

题解

子游的这段话间接地表达了孔子关于服侍君王和交往朋友的见解。无论是事君还是交友，都要讲求一个度，如不能适可而止，往往会出现适得其反的结果。为人、处世都要讲求良好的沟通和互动，不可单方面地去勉强。

译文

子游说："进谏君主过于频繁，就会遭受侮辱；劝告朋友过于频繁，反而会被疏远。"

子游认为，劝谏君主太过频繁，就会遭受侮辱。

公冶长篇第五

子谓公冶长①："可妻也②。虽在缧绁之中③，非其罪也。"以其子妻之④。

题解

本章通过孔子把自己的女儿嫁给公冶长一事，说明公冶长是个贤德之人。这也是孔子对公冶长做的较高评价，虽然并没有说明公冶长做了哪些具体的事情，不过从本章所谈的内容看，作为公冶长的老师，孔子对他有全面的了解。孔子在这件事上表明了他不同于流俗的择人标准。

注释

①公冶长：齐国人（或说鲁国人），姓公冶，名长，孔子的高足。②妻（qì）：把女儿嫁给他。③缧（léi）绁（xiè）：捆绑犯人的绳索。这里指监狱。④子：儿女，此处指女儿。

译文

孔子谈到公冶长时说："可以把女儿嫁给他。虽然他曾坐过牢，但不是他的罪过。"于是把自己的女儿嫁给了他。

子谓南容①："邦有道，不废；邦无道，免于刑戮。"以其兄之子妻之②。

题解

孔子把自己的侄女嫁给南容，也表明了南容的贤明与仁德。本章里，孔子说得比较具体，南容善于处世，在治世能有作为，在乱世能保全自己，这也反映了孔子的择人标准。

注释

①南容：姓南容，名适（kuò），字子容，孔子的高足。②兄之子：孔子的哥哥孔皮，此时已去世，故孔子为侄女主婚。

译文

孔子评论南容时说："国家政治清明时，他不会被罢免；国家政治黑暗时，他也可免于刑罚。"于是把自己兄长的女儿嫁给了他。

子谓子贱[①]："君子哉若人！鲁无君子者，斯焉取斯？"

题解

孔子称子贱是君子。

从这段话可以看出，孔子很重视社会环境对人的影响。子贱是孔子的弟子，他治理单父县时，德治教化为一时之盛。孔子在这里称赞子贱为君子，接下来说，子贱的君子之德是在鲁国养成的。鲁国与周文化渊源很深，有着适宜君子成长的风气，故子贱在这种环境氛围中浸染熏陶，养成了君子之德。

注释

①子贱：姓宓（fú），名不齐，字子贱，也是孔子的高足。

译文

孔子评论子贱说："这个人是君子啊！如果鲁国没有君子，他是从哪里获得这种好品德的呢？"

子贡问曰："赐也何如？"子曰："女器也。"曰："何器也？"曰："瑚琏也[①]。"

题解

在《公冶长》这一篇中，孔子对一些学生做了评价，主要是勉励和赞扬，同时也表明了孔子评价人的标准。子贡在孔子学生中是个通才，在政治、经济、外交方面皆很擅长且很有成就。瑚琏是古代国家举行大典时用的一种贵重而华美的玉制祭器，平常供在庙堂，精美洁净而庄严。此处孔子把子贡比作瑚琏，是说他才智出众，堪当重任。

孔子称子贡是瑚琏之器。

注释

①瑚琏（liǎn）：古代祭祀时盛粮食的器具，很珍贵。

译文

子贡问孔子："我这个人怎么样？"孔子说："你好比是一个器具。"子贡又问："是什么器具呢？"孔子说："宗庙里盛黍稷的瑚琏。"

或曰："雍也仁而不佞[①]。"子曰："焉用佞？御人以口给[②]，屡憎于人。不知其仁，焉用佞？"

题解

孔子向来不赞成花言巧语的佞人，这一点在《学而》第三章也讲过。孔子针对他人对冉雍的评价，表达了自己的见解。他认为为人之道在于有仁德，根本不需要伶牙俐齿。仅仅靠空言善说处世的人，只会招人讨厌。如果没有仁德，花言巧语又有什么用呢？

注释

①雍：冉雍，字仲弓，孔子的学生。佞（nìng）：能言善说，有口才。②御：抵挡，这里指争辩顶嘴。口给（jǐ）：应对敏捷，嘴里随时都有回应的话语。

译文

有人说："冉雍这个人有仁德，但没有口才。"孔子说："何必要有口才呢？伶牙俐齿地同他人争辩，常常被人讨厌。我不知道他是否可称得上仁，但为什么要有口才呢？"

子使漆雕开仕[①]。对曰："吾斯之未能信。"子说[②]。

题解

孔子的教育理念是"学而优则仕"，学好知识，就去为官做事。孔子是鼓励学生从政做事的。他让学生漆雕开去出仕，但漆雕开觉得自己尚未达到"学而优"的程度，没有充分的把握，想继续学礼，晚点再去做官，孔子很满意他这种谦谨的态度，认为他有沉着好学的品行，知道尚需进德修业，而不急着做官，没有沾染上当时社会中流行的急功近利的作风。

注释

①漆雕开：姓漆雕，名开，字子若。孔子的高足。②说：通"悦"。

译文

孔子叫漆雕开去做官。他回答说："我对这事还没有信心。"孔子听了很高兴。

子曰："道不行，乘桴浮于海[①]。从我者，其由与？"子路闻之喜。子曰："由也好勇过我，无所取材。"

题解

这段对话表达了孔子对于自己不能行道于天下，处处碰壁后的感叹，也说出了对学生仲由的信任和深厚情感。孔子说当他有一天只好乘筏到海外去的时候，只有子路可以随同。子路是孔子周游列国期间最忠实的追随者之一，与孔子感情深厚，故孔子有此语。子路听到后喜形于色，孔子见状，恐怕本

孔子说只有子路肯随自己乘木排去海外行道。

来就好胜逞强的子路会更加倨傲凌人，遂又指出了子路好逞勇的缺点。从本章也可见出孔子的随和温煦、严格而不严厉的一面。

注释

①桴（fú）：用来在水面浮行的木排或竹排，大的叫筏，小的叫桴。

译文

孔子说："如果主张的确无法推行，我想乘着木排漂流海外。但跟随我的，恐怕只有仲由吧？"子路听了这话很高兴。孔子说："仲由这个人好勇的精神大大超过我，但不善于裁夺事理。"

孟武伯问："子路仁乎？"子曰："不知也。"又问，子曰："由也，千乘之国，可使治其赋也。不知其仁也。""求也何如？"子曰："求也，千室之邑，百乘之家，可使为之宰也①。不知其仁也。""赤也何如②？"子曰："赤也，束带立于朝，可使与宾客言也。不知其仁也。"

题解

此章中，孔子对自己的三个学生进行了评价，认为他们各有专长，有的可以管理军事，有的可以管理内政，有的可以主持外交。在孔子看来，最重要的标准——仁，他的学生们都没有达到，这也反映了为仁之难。在孔子心目中，仁的标准很高，是一种理想和完美的人格，故孔子不轻易以仁来许人。

注释

①宰：古代县、邑一级的行政长官。卿大夫的家臣也叫宰。②赤：公西赤，字子华，孔子的学生。

译文

孟武伯问："子路算得上有仁德吗？"孔子说："不知道。"孟武伯又问一遍。孔子说："仲由呀，一个具备千辆兵车的大国，可以让他去负责军事。至于他有没有仁德，我就不知道了。"又问："冉求怎么样？"孔子说："求呢，一个千户规模的大邑，一个具有百辆兵车的大夫封地，可以让他当总管。至于他的仁德，我弄不清。"孟武伯继续问："公西赤怎么样？"孔子说："赤呀，穿上礼服，站在朝廷上，可以让他和宾客会谈。他仁不仁，我就不知道了。"

子谓子贡曰："女与回也孰愈[①]？"对曰："赐也何敢望回？回也闻一以知十，赐也闻一以知二。"子曰："弗如也！吾与女弗如也[②]。"

题解

孔子与子贡谈论颜回的悟性。

颜回是孔子最为器重的学生，他不仅勤于学习，而且善于融会贯通，对一个道理领悟透彻，触类旁通，无所遗漏。就连素日以机敏聪慧著称的子贡都坦陈自己赶不上颜回，因为他自己对一个道理的领悟，虽有相当把握，但是还没有到透彻与周全的程度。孔子博闻广记，领悟力非凡，但还是认为自己和子贡在对道理的领悟和触类旁通上赶不上颜回。就老师不必各方面都胜过学生而言，孔子做出了表率。

注释

①愈：胜过，超过。②与：有两种解释：其一，同意、赞成；其二，和。此处取后一种说法。

译文

孔子对子贡说："你和颜回相比，哪个强一些？"子贡回答说："我怎么敢和颜回相比呢？颜回他听到一件事就可以推知十件事；我呢，听到一件事，只能推知两件事。"孔子说："赶不上他，我和你都赶不上他。"

宰予昼寝。子曰："朽木不可雕也，粪土之墙不可杇也[①]。于予与何诛[②]？"子曰："始吾于人也，听其言而信其行；今吾于人也，听其言而观其行。于予与改是。"

题解

宰予在孔子学生中以善于言辞著称，有时还夸夸其谈。孔子于是便借“昼寝”一事将他责备了一番。宰予作为孔门言语科的高才生，辩才无碍，言出理随，很容易让人相信他是个言出必行的人，但事实却未必如此。所以孔子提出要准确判断一个人，既要听其言，还要去观其行，看看他的言行是否一致。

孔子批评宰予白天睡觉。

注释

①杇（wū）：通“圬”，指涂饰，粉刷。②与（yú）：语气词。诛：意为责备、批评。

译文

宰予在白天睡觉。孔子说：“腐朽了的木头不能雕刻，粪土一样的墙壁不能粉刷。对宰予这个人，不值得责备呀！”孔子又说：“以前，我对待他人，听了他的话便相信他的行为；现在，我对待他人，听了他的话还要观察他的行为。我是因宰予的表现而改变了对人的态度。”

子曰：“吾未见刚者。”或对曰：“申枨①。”子曰：“枨也欲，焉得刚？”

题解

孔子认为，人的欲望过多，便容易内心软弱而不刚强。“刚”不是指血气之勇，而是刚强坚毅的内心力量和道德意志。孟子后来对这种“刚”也有所阐明，即“贫贱不能移，富贵不能淫，威武不能屈”也。

注释

①申枨（chéng）：孔子的学生，姓申，名枨，字周。

译文

孔子说："我没有见过刚毅不屈的人。"有人回答说："申枨是这样的人。"孔子说："申枨啊，他的欲望太多，怎么能说刚毅不屈？"

子贡曰："我不欲人之加诸我也[①]，吾亦欲无加诸人。"子曰："赐也，非尔所及也。"

题解

子贡这里所讲的，与前面《里仁》篇的"己所不欲，勿施于人"相照应，表明了他的志向。但是，这种志向说起来容易，做起来困难，要用一生的努力才能证明。而且子贡用了"吾亦欲"来表示"主动愿意"，比单纯的"勿施于人"之劝诫与禁止，做起来更为困难。故孔子鞭策他说：恐怕不是你所能做到的。

注释

①加：有两种解释，一是施加，二是凌辱。今从前义。

译文

子贡说："我不愿他人把不合理的事加在我身上，我也不想把不合理的事加在他人身上。"孔子说："赐呀，这不是你可以做得到的。"

子贡曰："夫子之文章，可得而闻也；夫子之言性与天道[①]，不可得而闻也。"

题解

子贡认为，孔子讲礼乐诗书等知识是有形的，可以听闻学到，但是关于人性与天道的理论，本身就属于深微难知的范畴，不是聪明特达之人不能听懂。孔子教育学生注重人道，很少言及人性与天道，因为"天道远，人道迩"。《论语》一书中言及性与天道的确实不多，孔子注重的是培养学生的现实精神，对于人性和天道采取存而不述的态度，仅仅是示之以端，想要学生深造而自得。

注释

①天道：天命。《论语》中孔子多处讲到天和命，但不见有孔子关于天道的言论。

译文

子贡说："老师关于《诗经》《尚书》《礼记》《乐经》等文献的讲述，我们能够听得到；老师关于人性和天命方面的言论，我们从来没听到过。"

子路有闻，未之能行，唯恐有闻。

题解

此章形象地表述了子路的急切率直，勇于力行。子路求学，闻见后能立即去力行，如果尚未实行，唯恐又闻见其他道理。学到的道理还不能实践应用，便不再去实践另一个，至少要努力一段时日，有"能行"的把握以后，再去学习新的。对于学习也是一样，与其贪多务杂，一下学习了很多却不能消化吸收，还不如专心学会一样后，再去学习新的东西。

译文

子路听到了什么道理，如果还没有来得及去实行，便唯恐又听到新的道理。

子贡问曰："孔文子何以谓之'文'也[①]？"子曰："敏而好学，不耻下问，是以谓之'文'也。"

题解

孔文子是指卫国大夫孔圉，谥号为"文"。谥号是一个人一生言行的总结，按照《逸周书·谥法》的说法："学勤好问曰文。"由此可知"文"是个美谥。一般人聪敏多不爱好学习，位高就耻于向地位、身份、知识不如自己的人求教。但孔文子聪明而勤奋好学，有着不耻下问的谦虚和乐于求教的精神，所以能得到"文"的美谥。

注释

①孔文子：卫国大夫，姓孔，名圉（yǔ），"文"是谥号。

译文

子贡问道："为什么谥孔文子'文'的称号呢？"孔子说："他聪明勤勉，

喜爱学习，不以向比自己地位低下的人请教为耻，所以谥他‘文’的称号。”

子谓子产[①]：“有君子之道四焉：其行己也恭，其事上也敬，其养民也惠，其使民也义。”

题解

子产是春秋时期杰出的政治家，孔子对他的评价很高。认为他合乎君子之道有四：端己、敬上、惠下、有义。端正自己就会以身作则，可以威信自立；对君上恭敬，可以行事无私；恩惠泽被百姓，百姓能得以休养生息；劳役百姓合于义，百姓便不会心生怨怒。子产正是因为做到这四点，克己力行，才使郑国从春秋列国争强中脱颖而出，赢得尊重和安全。

晏子善于与人交往，很受他人尊敬。

注释

①子产：姓公孙，名侨，字子产，郑国大夫。做过正卿，是郑穆公的孙子，为春秋时郑国的贤相。

译文

孔子评论子产说：“他有四个方面符合君子的标准：他待人处世很谦恭，侍奉国君很负责认真，养护百姓有恩惠，役使百姓合乎情理。”

子曰：“晏平仲善与人交[①]，久而敬之。”

题解

孔子在这里称赞齐国大夫晏婴善于跟人交朋友。一般人与人交朋友，相处久了，往往是非亲即疏。而晏婴为人矮小，样貌也不好看，但他人与他相处愈久，对他愈是敬重，因为他有着非凡的人格魅力，这是很难得的。

注释

①晏平仲：名婴，谥号为“平”，齐国的大夫。曾任齐景公的宰相。

译文

孔子说：“晏平仲善于与人交往，相识时间久了，他人更加尊敬他。”

子曰：“臧文仲居蔡[①]，山节藻棁[②]，何如其知也[③]？”

题解

孔子认为臧文仲擅用国君的庙饰很不明智。

臧文仲在当时被人们称为“智者”，而孔子却认为他不智。古时国有大事不决，就用龟甲来占卜。用于占卜的龟有六种，按照周礼的规定，六种龟各藏一个屋子，由专门的龟人来掌管。臧孙氏三代为鲁国掌龟大夫，臧文仲在大乌龟的屋子上刻有山形的斗拱和画有水藻的梁柱，这是国君的庙饰，而藏文仲却加以擅用，是违反礼制的，这样做当然称不上明智。

注释

①臧文仲：姓臧孙，名辰，“文”是他的谥号。春秋时鲁国大夫。居蔡：居，做动词用，藏的意思。蔡，国君用以占卜的大龟。蔡这个地方产龟，因此把大龟叫“蔡”。臧文仲藏了一只大龟。②山节藻棁（zhuō）：节，柱上的斗拱。棁，房梁上的短柱。山节藻棁即指把斗拱雕成山形，在棁上绘上水草花纹。古时是装饰天子宗庙的做法。③知：通“智”。孔子认为臧文仲为大龟盖豪华的房子，为僭越行为，不明智。

译文

孔子说：“臧文仲为产自蔡地的大乌龟盖了一间房子，中有雕刻成山形的斗拱和画着藻草的梁柱，他这样做算一种什么样的聪明呢？”

子张问曰："令尹子文三仕为令尹①，无喜色；三已之，无愠色。旧令尹之政，必以告新令尹。何如？"子曰："忠矣。"曰："仁矣乎？"曰："未知，焉得仁？""崔子弑齐君②。陈文子有马十乘③，弃而违之④。至于他邦，则曰：'犹吾大夫崔子也。'违之。之一邦，则又曰：'犹吾大夫崔子也。'违之，何如？"子曰："清矣。"曰："仁矣乎？"曰："未知，焉得仁？"

题解

孔子强调"仁"的本体性，仁是天地之道最本质的事物，也是最根本的做人之道。仅有忠和清还谈不上仁。在孔子看来，"忠"和"清"都只是仁的一些外在行为，应该从根本的仁德上去努力做好。令尹子文三次出仕，三次罢官，进退从容，却始终不忘忠君之事，把旧政告知新上任的令尹，故孔子嘉许他为"忠"。陈文子在乱世中不随波逐流，孔子称为"清"。但认为两者都还未达到"仁"。

注释

①令尹：楚国的官名，相当于宰相。子文：姓斗，名穀（gǔ）於（wū）菟（tú），字子文，楚国贤相。三仕、三已的"三"不是实指，而是概数，可译为"几"。②崔子：崔杼，齐国的大夫，曾杀掉他的国君齐庄公。弑（shì）：古代位在下的人杀掉位在上的人叫"弑"。③陈文子：齐国大夫，名须无。④违：离开。

译文

子张问道："楚国的令尹子文三次担任令尹的职务，没有显出高兴的样子；三次被罢免，也没有怨恨的神色。他当令尹时的政事，一定交代给下届接位的人。

孔子与子张谈论令尹子文和陈文子的道德境界。

这个人怎么样？”孔子说：“可算得上对国家尽忠了。”子张问：“算得上有仁德吗？”孔子说：“不知道，这怎么能算仁呢？”子张又问：“崔杼杀了齐庄公，陈文子有四十匹马，他都丢弃不要，就离开了。到了另一个国家，说：‘这里的执政者和我国的崔子差不多’，又离开了。再到了一国，说：‘这里的执政者和我国的崔子差不多’，还是离开了。这人怎么样？”孔子说：“很清高。”子张说：“算得上有仁德吗？”孔子说：“不知道，这怎么能算有仁德呢？”

季文子三思而后行[①]。子闻之，曰：“再，斯可矣。”

题解

孔子在这里又给人们一个重要的提示，凡事都有一个度，慎重如果过了头就变成怯懦了。“三思而后行”是一句传世名言，很多人将其奉之为处世法则。但是，孔子却告诉人们，凡事的确应该考虑利与弊，但是思考太多，便会犹豫不决，可能错失行动的时机。因此，孔子说：“考虑两次就可以了。”前人对此已有领会：“文子生平盖祸福利害之计太明，故其美恶两不相掩，皆三思之病也。其思之至三者，特以世故太深，过为谨慎；然其流弊将至利害徇一己之私矣。”（宦懋庸《论语稽》）

孔子不赞成人们像季文子一样过分慎重。

注释

①季文子：鲁国的大夫，姓季孙，名行父，“文”是谥号。

译文

季文子办事，要反复考虑多次后才行动。孔子听到后，说：“考虑两次就可以了。”

子曰："宁武子邦有道则知[1]，邦无道则愚。其知可及也，其愚不可及也。"

题解

本章表现了孔子的一个基本思想：既积极进取，又洁身保身。他称道宁武子在"邦无道"的情况下处世的"愚"，实际上是一种智慧，可以避免不必要的牺牲，这种大智若愚的思想对后世影响深远。

注释

①宁武子：姓宁，名俞，谥号为"武"，卫国的大夫。

译文

孔子说："宁武子这个人，在国家政治清明时就聪明，当国家政治黑暗时就装傻。他的聪明是他人可以做得到的，他的装傻，他人是赶不上的。"

子在陈[1]，曰："归与！归与！吾党之小子狂简[2]，斐然成章，不知所以裁之。"

题解

孔子在陈国住了三年，曾经受困，甚至缺粮，自然知道其道至大，难以实行，于是大发感慨，说回去有很多事情可做，尤其是那些胸怀志向、各具才能的弟子，更需要孔子的培养、教导。孔子说这段话时，正当鲁国季康子执政，想要召回冉求去协助办理政务。所以，孔子说了这些话。

孔子望着故乡的方向大发感慨。

注释

①陈：国名，大约在今河南省东部和安徽省北部一带。②吾党：

我的家乡。党是古代地方组织的名称，五百家为一党。狂简：志向远大。

译文

孔子在陈国，说："回去吧！回去吧！我家乡的那帮学生怀有远大志向而，文采斐然，我不知怎样去造就他们。"

子曰："伯夷、叔齐不念旧恶①，怨是用希。"

题解

孔子在这一章讲的是他的忠恕之道。他称赞伯夷、叔齐的"不念旧恶"，就是不念旧时之恶，给人以自新的机会，为人处世以和为贵，这种思想给后世以深远的影响。伯夷、叔齐是商朝末年孤竹国的国君之子，他们互以王位相让，后一起逃往西伯昌（周文王）的领地。他们虽然反对殷纣王的暴虐，但又认为周武王伐纣是"以暴易暴"，劝阻武王伐纣而未成，耻食周粟，饿死在首阳山。

注释

①伯夷、叔齐：孤竹君的两个儿子。父亲死后，互相让位，后都逃到周文王那里。周武王起兵伐纣，他们认为这是以臣弑君，拦在马前劝阻。周灭商统一天下后，他们以吃周朝的粮食为耻，逃进山中以野草充饥，饿死在首阳山中。

译文

孔子说："伯夷、叔齐这两兄弟不记旧仇，因此他人对他们的怨恨很少。"

子曰："孰谓微生高直①？或乞醯焉②，乞诸其邻而与之。"

题解

孔子通过微生高从邻居家借醋给前来讨醋的人这件小事，认为他用意委曲，有做作之嫌，不是真正的直率。醋不是什么要紧的东西，有就给人家点，没有就说没有，没有必要这样周旋世故。孔子表明的是一种是怎样就是怎样的直道，不为虚名所牵累。

注释

①微生高：姓微生，名高，鲁国人，以直爽著称。②醯（xī）：醋。

译文

孔子说："谁说微生高这个人直爽？有人向他求点醋，他却从自己邻居那里讨点来给人家。"

子曰："巧言、令色、足恭，左丘明耻之①，丘亦耻之。匿怨而友其人，左丘明耻之，丘亦耻之。"

题解

在这段话里，孔子表达了他鲜明的是非好恶态度。左丘明为鲁国太史，相传为《左传》的作者，以秉笔直书、褒贬善恶著称。孔子把他引为自己的同道中人，对巧言令色、过分恭顺的行为，以及内心对他人有怨恨，表面却显得要好的行为深感憎恶，认为这些行为是可耻的。

注释

①左丘明：鲁国史官，姓左丘，名明。一说姓左，名丘明。相传为《春秋左氏传》和《国语》的作者。

译文

孔子说："花言巧语，面貌伪善，过分恭敬，这种人，左丘明认为可耻，我也认为可耻。把仇恨暗藏于心，表面上却同人要好，这种人，左丘明认为可耻，我也认为可耻。"

颜渊、季路侍①。子曰："盍各言尔志？"子路曰："愿车马、衣轻裘，与朋友共，敝之而无憾。"颜渊曰："愿无伐善②，无施劳。"子路曰："愿闻子之志。"子曰："老者安之，朋友信之，少者怀之③。"

题解

此章中，孔子和他的弟子们表述了各自的志向。子路以朋友的情义远重于个人的财物的回答显示了他讲义气的豪爽本色；颜回的志向则反映了谦逊、注

孔子向弟子们阐述自己的理想。

重自我修养的品格；而孔子的志向实际上就是追求让所有人各得其所的大同境界。老年人安逸，朋友之间有信义，少年人得到关怀——这是一个理想社会的景象。

注释

①季路：即子路。②伐善：夸耀功劳。伐，夸耀。③怀：关怀，照顾。

译文

颜渊、季路站立在孔子身旁。孔子说："你们为什么不各自谈谈自己的志向？"子路说："我愿意拿出自己的车马、穿的衣服，和朋友们共同使用，即使用坏了也不遗憾。"颜渊说："我愿意不夸耀自己的长处，不宣扬自己的功劳。"子路说："我们希望听听老师的志向。"孔子说："我愿老年人安度晚年，朋友之间相互信任，年幼的人得到照顾。"

子曰："已矣乎！吾未见能见其过而内自讼者也。"

题解

孔子在这一章里感叹人们有过失而不去反省，即使自己有过错也会去掩饰推诿，不会在内心里责备检讨自己的世风。他认为要有这种内省自责的意识，才能去及时改正有所进步。人往往能一眼看出他人的错误和缺点，却很少能真正反观自身的错误和缺点。即使知晓了自己的过失后，也很难去真正加以改正。人需要有自省自责的理性精神，这样才能不断提高自己。

译文

孔子说："算了吧！我从未见过看到自己有错误便能自我责备的人。"

子曰："十室之邑，必有忠信如丘者焉，不如丘之好学也。"

题解

孔子以自身为例，勉励弟子们努力学习。

在这一章，孔子以自身成就为例，强调了学习的重要性。他认为自己忠信的资质与常人一样，只是因为自己好学，所以能异于常人，故也在勉励人们要有好学的精神。孔子自称好学，并无自夸之意，他曾经表示自己不是"生而知之者"，必须努力学习才有所得。一般人中，有能做到忠信的，但很少有能做到好学不倦的，孔子唯因好学不倦，才成为博学多闻之人。

译文

孔子说："就是在只有十户人家的小地方，一定有像我这样既忠心又守信的人，只是赶不上我这样好学罢了。"

雍也篇第六

子曰："雍也可使南面①。"

题解

古代以面向南为尊位，天子、诸侯与卿大夫听政都是面南而坐。孔子这句话是对弟子冉雍的高度评价，认为冉雍虽然出身于卑贱的人家，但就其所具备的德行与能力而言，足以胜任卿大夫的职位。

注释

①南面：古时尊者的位置是坐北朝南，天子、诸侯、卿大夫等听政时皆面南而坐。此以"南面"代指卿大夫之位。

译文

孔子说："冉雍这个人啊，可以让他去做一个部门或一个地方的长官。"

仲弓问子桑伯子①，子曰："可也，简。"仲弓曰："居敬而行简，以临其民，不亦可乎？居简而行简，无乃大简乎②？"子曰："雍之言然。"

题解

从这段师生之间的对话中，可以看出孔子是主张做事简要不烦的。但这种简要不是指内心随便马虎、简单办事，而是要严谨敬畏，做事简约，不烦扰百姓。

孔子与仲弓讨论子桑伯子的行事风格。

注释

①子桑伯子：鲁人，事

迹不详。②无乃：岂不是。

译文

仲弓问子桑伯子这个人怎么样，孔子说："这个人不错，他办事简约。"仲弓说："如果态度严肃认真，而办事简约不烦，这样来治理百姓，不也可以吗？如果态度马虎粗疏，办起事来又简约，那不是太简单了吗？"孔子说："你的话很对。"

哀公问："弟子孰为好学？"孔子对曰："有颜回者好学，不迁怒[①]，不贰过[②]，不幸短命死矣[③]。今也则亡[④]，未闻好学者也。"

题解

孔子回答哀公问，认为门下弟子中颜回最好学。

孔子在本章中深深赞许了颜回的好学。颜回的好学不仅仅指他爱好学习，而且包括他不迁怒、不贰过的心性修养。自己有了过失而不反省修正，反而怨恨他人，就是迁怒，是人所共有的逃避心理。对自己同样的过错照旧再犯而不思改正，或者对他人犯过的过失不加借鉴，自己也犯，是为贰过，这同样是人所常犯的。但颜回却能做到不迁怒、不贰过，可见他的德行、涵养极深。而他有此涵养，是由于他的好学。所以孔子在他英年早逝后悲恸至极。

注释

①不迁怒：不把对此人的怒气发泄到彼人身上。②不贰过："贰"是重复、一再的意思。这是说不犯同样的错误。③短命死矣：颜回死时年仅三十一岁。④亡：通"无"。

译文

鲁哀公问："你的学生中谁最爱好学习？"孔子回答说："有个叫颜回的最爱学习。他从不迁怒于他人，也不犯同样的过错。只是他不幸短命死了。现在没有这样的人了，再也没听到谁爱好学习的了。"

子华使于齐[①]，冉子为其母请粟[②]。子曰："与之釜[③]。"请益。曰："与之庾[④]。"冉子与之粟五秉[⑤]。子曰："赤之适齐也，乘肥马，衣轻裘，吾闻之也，君子周急不继富。"

题解

此章表达了孔子做人的一个原则：君子应当周济穷困的人，给他们雪中送炭，而不是去给富有的人锦上添花，让他们更加富有。孔子的这种思想带有一定的普世意义。

注释

①子华：孔子的学生，姓公西，名赤，字子华，鲁国人。②冉子：姓冉，名求，字子有，鲁国人。粟：小米。③釜：古代量器，六斗四升为一釜。④庾（yǔ）：古代量器，二斗四升为一庾。⑤秉（bǐng）：古代量器，十六斛为一秉；一斛为十斗。

译文

子华出使齐国，冉有替子华的母亲向孔子请求补助一些小米。孔子说："给她六斗四升。"冉有请求再增加一些，孔子说："再给她二斗四升。"冉有却给了她八百斗。孔子说："公西赤到齐国去，驾着肥马拉的车，穿着又轻又暖和的皮袍。我听人说，君子应该救济有紧急需要的穷人，而不应该给富人添富。"

原思为之宰[①]，与之粟九百，辞。子曰："毋！以与尔邻里乡党乎[②]！"

题解

此章和上一章一样，都反映了孔子处理钱财的态度，自己有所富余，便去周济邻里乡党中穷困的人。原思为孔子的弟子，他做孔子的家臣，孔子给他九百斗粟的俸禄。原思生活简朴，要不了那么多，就加以推辞。孔子便体贴地教导他将多余的粮食分给乡里邻居，因为君子在独善之后，有能力还应该去兼善他人。

孔子教导原宪将吃不完的小米用于周济邻里乡亲。

注释

①原思：姓原，名宪，字子思，孔子的学生。宰：家宰，管家。②邻里乡党：古代地方单位的名称。五家为一邻，二十五家为一里，一万二千五百家为一乡，五百家为一党。

译文

原思做了孔子家的总管，孔子给他九百斗小米的报酬，他推辞不要。孔子说："不要这样推辞！多余的就分给你的邻里乡亲吧！"

子谓仲弓曰①："犁牛之子骍且角②，虽欲勿用，山川其舍诸？"

题解

孔子在这一章用牛做比喻讲举贤的观点，他认为人的出身并不是最重要的，重要的在于自己应有君子的道德和出色的才干。只要具备了这些条件，就会受到社会的重用。从另一方面来看，作为执政者，选拔重用人才要"英雄不问出处"，不能因出身低贱而轻弃贤才。

注释

①子谓仲弓：有两种解释，一是孔子对仲弓说；二是孔子和第三者议论仲弓，今从前说。②犁牛：耕牛。骍（xīng）且角：祭祀用的牛，毛色为红，角长得端正。骍，红色。

译文

孔子对仲弓说："耕牛生的小牛犊长着红色的毛皮，两角整齐，虽然不想用来当祭品，山川之神难道会舍弃它吗？"

子曰："回也，其心三月不违仁。其余则日月至焉而已矣。"

题解

颜回是孔子最得意的门生，因为他能将"仁"贯穿于自己的一切思想与行动当中，对孔子以"仁"为核心的思想有深入的理解，一生不停地追求、实践"仁"。孔子以"仁"为修身为学的最高境界，认为自己都难以达到。所以，他赞扬颜回"三月不违仁"，而其余的学生"则日月至焉而已"，更反衬了颜回的难能可贵。

译文

孔子说："颜回呀，他的心中长久地不离开仁德，其余的学生，只不过短时间能做到这点罢了。"

季康子问[1]："仲由可使从政也与？"子曰："由也果，于从政乎何有？"曰："赐也可使从政也与？"曰："赐也达，于从政乎何有？"曰："求也可使从政也与？"曰："求也艺，于从政乎何有？"

题解

从本章可以看出，孔子对弟子们的特点和优点一清二楚，反映了一种亲密无间的师生关系。端木赐、仲由和冉求在从事国务活动和行政事务方面都各有所长。他们都是孔子所培养的为国家做事的人才，能够辅佐君主或大臣从事政治活动。孔子对他的三个学生都给予较高评价，认为他们已经具备了从政并担任重要职务的能力。

季康子时为鲁国实际掌权者，可以推荐人才出任大夫，便向孔子请教子路、子贡、冉有是否可以任用。孔子对学生所知甚深，认为子路果敢有决断能力、子贡通达有洞察的智慧、冉求多才多艺有挥洒自如的气质，他对自己学生的从政能力充满了信心和自豪。同时他指出自己学生的长处也是希望季康子能根据他们的特点，把他们安置在合适的职位上。

注释

①季康子：即季孙肥，春秋时期鲁国的正卿。"康"是谥号。

译文

季康子问：“仲由可以参与政事吗？”孔子说：“仲由呀，办事果断，参与政事有什么困难呢？”又问：“端木赐可以参与政事吗？”孔子说：“端木赐呀，通情达理，参与政事有什么困难呢？”又问：“冉求可以参与政事吗？”孔子说：“冉求呀，多才多艺，参与政事有什么困难呢？”

季氏使闵子骞为费宰①。闵子骞曰：“善为我辞焉。如有复我者，则吾必在汶上矣②。”

题解

本章讲述的是闵子骞拒绝做官的故事，反映了他宠辱不惊、明哲保身的超然态度，实在是极富智慧的处世哲学。宋代大儒朱熹对闵子骞的这一做法深表赞赏，他说，处乱世，遇恶人当政，“刚则必取祸，柔则必取辱”。即是说在乱世从政，刚直或者屈从都要受害取辱。孔子主张“道不同不相为谋”，闵子骞就是这样做的。

闵子骞拒绝季氏的聘任，坚决不做费城长官。

注释

①闵子骞（qiān）：孔子的学生，姓闵，名损，字子骞。费：季氏的封邑，在今山东省费县西北。②汶：汶水，即今山东大汶河。汶上，暗指齐国。

译文

季氏派人通知闵子骞，让他当季氏采邑费城的长官。闵子骞告诉来人说：“好好地为我推辞掉吧！如果再有人为这事来找我，那我一定逃到汶水那边去。”

伯牛有疾[1]，子问之，自牖执其手[2]，曰："亡之，命矣夫！斯人也，而有斯疾也！斯人也，而有斯疾也！"

题解

这一章孔子以极其沉痛的语气与他的得意门生冉伯牛诀别。最令人痛心的是，好人得恶病，孔子只能归之为天命。孔子虽为圣人，但对生老病死也只能是一筹莫展。他因冉伯牛的不幸而牵挂、担忧、焦虑，然而又感到无可奈何。

孔子握着冉伯牛的手，为他的病情感伤。

注释

①伯牛：孔子的学生，姓冉，名耕，字伯牛。②牖（yǒu）：窗户。

译文

冉伯牛病了，孔子去探望他，从窗户外握着他的手，说道："没有办法，真是命呀！这样的人竟得这样的病呀！这样的人竟得这样的病呀！"

子曰："贤哉，回也！一箪食[1]，一瓢饮，在陋巷。人不堪其忧，回也不改其乐。贤哉，回也！"

题解

孔子对弟子颜回的赞美，实际上是对一种人格、一种行为方式的表彰。此名言对后世有志于治学、修身、立行的人产生了深远的影响。颜回生活清苦，但他全不以为意，安贫乐道，依然孜孜不倦地学习、修身，这就是孟子所说的"贫贱不能移"精神的真实写照。所以孔子连发两次感慨："颜回真是个贤人啊！"

注释

①箪（dān）：古代盛饭的竹器。

译文

孔子说："真是个大贤人啊，颜回！用一个竹筐盛饭，用一只瓢喝水，住在简陋的巷子里。他人都忍受不了那穷困的忧愁，颜回却能照样快活。真是个大贤人啊，颜回！"

冉求曰："非不说子之道①，力不足也。"子曰："力不足者，中道而废。今女画②。"

题解

从这段对话中可以看出什么是最好的老师，最好的老师是让学生产生希望和自信。冉求对学习理论失去了信心，孔子则以学走路为喻对他进行开导和帮助。孔子告诉他，并非他的能力不够，而是他思想上的畏难情绪在作怪，自己给自己设置了障碍，只要努力去做，肯定能够克服一切困难，达到学习的目标。

人最怕的就是自己给自己的心灵套上枷锁，从而畏惧不前，所以说人最难克服的东西实际上来自自身而非其他。只有先破除心灵的枷锁，才能真正达到内心的自在，才能潜心修行，才能大有作为。

注释

①说（yuè）：通"悦"。②女：同"汝"，你。画：划定界限，停止前进。

译文

冉求说："我不是不喜欢老师的学说，而是我力量不够。"孔子说："如真的力量不够，你会半途而废。如今你却画地为牢，不肯前进。"

子谓子夏曰："女为君子儒，毋为小人儒。"

题解

在本章中，孔子提出了"君子儒"和"小人儒"之区别，并要求子夏做君子儒，不要做小人儒。"君子儒"是指懂得大道、有仁德、有高尚人格的人；"小人儒"则是指只知眼前利益、不懂大道、品格平庸的人。

儒家讲求修身、齐家、治国、平天下。君子儒者，为治国平天下而学，以利天下人为己任，有着大器和大胸襟。小人儒者，为一己之私利而学习，器量狭小。子夏有文学特长，孔子希望他进而学道，故说“你要学做君子儒，不要学做小人儒”。

译文

孔子对子夏说：“你要做个君子式的儒者，不要做小人式的儒者。”

子游为武城宰[1]。子曰：“女得人焉尔乎？”曰：“有澹台灭明者[2]，行不由径。非公事，未尝至于偃之室也。”

题解

孔子问子游的这段话是在表彰澹台灭明为人奉公守法且有所不为的高尚品格，同时也反映出他举贤才的标准：任用正直诚实、公私分明的人。孔子极为重视发现贤才、使用人才。当时社会处于大动荡、大变革时期，各诸侯国都重视接纳各种人才，尤其是能够帮助他们争夺土地的有用之才，但孔子赞许的是有仁德有正直品质的贤才。

注释

①武城：鲁国的城邑，在今山东省费县西南。②澹台灭明：人名，姓澹台，名灭明，字子羽。后来也成为孔子的学生。

译文

子游担任武城地方的长官。孔子说：“你在那里得到什么优秀人才了吗？”子游回答说：“有个名叫澹台灭明的人，行路时不抄小道，不是公事，从不到我家里来。”

子曰：“孟之反不伐[1]，奔而殿[2]。将入门，策其马[3]，曰：‘非敢后也，马不进也。’”

题解

孔子高度评价了孟之反的谦逊精神。公元前484年，鲁国与齐国打仗。鲁国右翼军败退的时候，孟之反在最后掩护败退的鲁军，实为勇者，受到国人的赞美。但他不愿居功，反而说：“不是我敢于殿后，是我的马不肯向前。”

对此事，孔子给予了高度评价，讲他的故事就是宣扬他的这种勇敢、自我牺牲以及不居功的优秀品质。

注释

①孟之反：又名孟之侧，鲁国大夫。伐：夸耀。②殿：在最后。③策：鞭打。

译文

孔子说：“孟之反不喜欢自夸，打仗败了，他走在最后（掩护撤退）。快进城门时，他用鞭子抽打着马说：‘不是我敢殿后呀，是我的马不肯快跑呀！’”

鲁国与齐国交战失利，孟之反勇于殿后。

子曰：“不有祝鮀之佞①，而有宋朝之美②，难乎免于今之世矣！”

题解

孔子这段话是对于衰败的社会风气的感叹。人有爱美之心，但也有可能因为美色而带来祸害，宋公子朝因容貌俊美而惹乱。乱世纷纷，巧言如簧之人方能如鱼得水。孔子重视人的内在道德修养，故对当时只注重外表、虚夸欺世的颓丧世风深深感慨。

注释

①祝鮀（tuó）：卫国大夫，字子鱼。他是祝官，名鮀。善于外交辞令。②宋朝：宋国的公子朝。《左传》中曾记载他因美貌而惹起祸乱的事情。

译文

孔子说：“如果没有祝鮀那样的口才，却仅仅有宋公子那样的美貌，在当今的社会里就难以避免祸害。”

子曰："谁能出不由户？何莫由斯道也？"

题解

孔子一心想恢复周初的礼乐制度，只是社会发展到春秋末期已经世风日下，人心不古。各诸侯国各竞其力，争夺霸权，仁义道德几殆荡然之境。面对这种状况，孔子一方面大力推行他的仁礼学说，另一方面对效果甚微深深忧虑。他以人出门必须经由房门来比喻，说明他的道是人生正途，只可惜没有什么人能真正循行他的学说。

译文

孔子说："谁能够走出屋子而不经过房门呢？为什么没有人走这条必经的仁义之路呢？"

子曰："质胜文则野，文胜质则史。文质彬彬[1]，然后君子。"

题解

这是孔子的传世名言。它高度概括了文与质的合理互补关系和君子的人格模式。文与质是对立统一、相辅相成的。未经加工的质朴是朴实淳厚的，但容易显得粗野。后天习得的文饰，虽然华丽可观，但易流于虚浮。

孔子向弟子阐释文与质的关系和君子的人格模式。

质朴与文采是内容与形式的关系，是同样重要的，只有文、质双修，才能成为合格的君子。孔子的文质思想经过两千多年的历史实践，成为中国人"君子"形象最为鲜明的写照，对后世产生了深远的影响。

注释

①文质彬彬（bīn）：文质配合适当。

译文

孔子说："质朴多于文采就难免显得粗野，文采超过了质朴又难免流于虚浮，只有文采和质朴完美地结合在一起，才能成为君子。"

子曰："人之生也直，罔之生也幸而免①。"

题解

"直"是孔子高度重视的道德规范，认为是人生的基本品质。直即正直，认为为人处世要耿直、坦率、正派，光明正大，同虚伪、奸诈是完全对立的。直人没有那么多坏心眼。直符合仁的品德。与此相对，在社会生活中也有一些不正直的人，他们也能生存，甚至活得更好。孔子认为，这只是他们侥幸避免了灾祸，并不能说明他们的不正直是好的。

注释

①罔：诬罔不直的人。

译文

孔子说："人凭着正直生存在世上，不正直的人也能生存，那是靠侥幸避免了祸害啊。"

子曰："知之者不如好之者，好之者不如乐之者。"

题解

知之、好之、乐之是学习的三个层次，这段话强调了爱好和兴趣在人们学习中至关重要的作用。孔子认为，对于学习，无论是知识还是技艺，了解它的人不如爱好它的人，而爱好它的人不如学习时乐在其中的人。后人说，兴趣是最好的导师，说的就是这个意思。只有真心喜爱学习，才能够扎实掌握将要学的东西，并在学习的过程中感受有所成、有所获的快乐。

译文

孔子说："（对于任何学问、知识、技艺等）知道它的人，不如爱好它的人；爱好它的人，又不如以它为乐的人。"

子曰："中人以上，可以语上也[①]；中人以下，不可以语上也。"

题解

根据学生智力水平的高低来安排教授的内容，是孔子因材施教教育思想的具体表现。孔子向来认为，人的智力是有差别的，所以在教学过程中要根据各人的接受能力来加以循循启迪。中等资质以上的可以告诉他高深的学问，而中等资质以下的则不能以同等的学问教育他们，因为他们不能理解，反而会生发误解或畏难情绪。孔子善于辨查学生的不同资质而予以不同内容的教诲，这种因材施教的思想对我国的教育产生了深远的影响。

孔子告诉樊迟，努力从事人们认为合理的工作，就是智慧。

注释

①语（yù）：告诉，讲说，谈论。

译文

孔子说："中等以上资质的人，可以给他讲授高深的学问；而中等以下资质的人，不可以给他讲授高深的学问。"

樊迟问知[①]。子曰："务民之义，敬鬼神而远之[②]，可谓知矣。"问仁，曰："仁者先难而后获，可谓仁矣。"

题解

本章孔子提出了“智”“仁”等重要观念的一些具体体现。

面对现实，以回答现实的社会问题、人生问题为中心，是孔子思想的一个突出特点。他提出了“敬鬼神而远之”的观点，主张应该在尊敬鬼神时保持人的责任意识，远离了宗法社会传统的神权观念。他不迷信鬼神，自然也不主张以卜筮向鬼神问吉凶。所以，孔子是力求以实事求是的态度看待人生与社会的。

樊迟先后几次问到仁，孔子的答案不尽相同。孔子不但善于因材施教，而且会因时因地因事因状况而做出不同的解答来启发弟子。

注释

①樊迟：孔子的学生，姓樊，名须，字子迟。②远：做及物动词，疏远，避开。

译文

樊迟问怎么样才算聪明，孔子说：“努力从事人民认为合理的工作，尊敬鬼神，但要疏远它们，这样就可以称得上是聪明。”樊迟又问怎么样才叫作有仁德，孔子说：“有仁德的人先付出艰苦的努力，然后得到收获，这样就可以说是有仁德。”

子曰：“知者乐水①，仁者乐山。知者动，仁者静。知者乐，仁者寿。”

题解

这是孔子的一段极为著名的言论。孔子以水和山为喻，来说明智者和仁者的内心与外在特征，是非常聪明和贴切的。这里所说的“智者”和“仁者”，是指那些有修养的“君子”。水流宛转流动，充满动感和变化；智者运用其才智以治世，贵在变通灵动，好比水之变动不居，故乐水。山安稳凝重不动，充满了化育万物的涵容和厚重；仁者以仁

孔子认为，“道”是治国安邦的最高原则，在这方面，齐国应效法鲁国，鲁国则应该效法先王之道。

为归，贵在择善而从，故乐山。智者心思活跃，灵动而快乐；仁者守仁，其心宁静而不忧，故寿。

注释

①乐（lè）：喜爱。

译文

孔子说："聪明的人乐于水，仁德的人乐于山。聪明的人爱好活动，仁德的人爱好沉静。聪明的人活得快乐，仁德的人长寿。"

子曰："齐一变，至于鲁；鲁一变，至于道。"

题解

孔子这段话对齐鲁两国的政治、社会的历史和现实做了评论，并提出了"道"的观念。此处所讲的"道"是天下的最高原则。在春秋时期，齐国的经济发展较快，而且实行了一些改革，成为当时最富强的诸侯国。与齐国相比，鲁国经济的发展比较缓慢，但意识形态和上层建筑保存得比较完备。所以孔子说，齐国改变就达到了鲁国的样子，而鲁国再一改变，就达到了先王之道。这反映了孔子对周礼的无限崇尚之情。

孔子用不像觚的觚影射"礼崩乐坏"的社会现实。

译文

孔子说："齐国的政治一有改革，便可以达到鲁国的这个样子；鲁国一有改革，就可以达到大道的境界。"

子曰：“觚不觚，觚哉！觚哉！”

题解

在这里，孔子用觚不觚来影射当时君不君、臣不臣、父不父、子不子的礼崩乐坏的社会现实。觚是古代的酒器，可装二升酒。形状上圆下方，腹部有棱角。后来棱角变成圆形，虽然仍旧名为觚，却已是名不副实了。孔子的思想中，周礼是根本不可更变的。从井田到刑罚、从音乐到酒具，周礼规定的一切都是尽善尽美的，是神圣不可改更的。在这里，孔子感叹当今事物名不副实，主张“正名”。看到社会混乱的状况，孔子感时伤世。

译文

孔子说：“觚不像觚的样子，这还叫觚吗！这还叫觚吗！”

宰我问曰：“仁者，虽告之曰‘井有仁焉’，其从之也？”子曰：“何为其然也？君子可逝也①，不可陷也；可欺也，不可罔也②。”

题解

因白天睡觉而受到孔子批评的宰我，向孔子提出了一个很尖锐的问题：一个有仁德的人，如果他人告诉他井里掉下一位仁人，他是不是会跟着跳下去呢？孔子没有正面地回答。他认为君子会想方设法救助落难的人，但不会陷自己于危险境地。然后批评宰我问的问题不道德，说君子可以被人用正当的理由欺骗，但不可以被愚弄。

注释

①逝：去救的意思。②罔：诬罔，愚弄。

译文

宰我问道：“一个有仁德的人，如果他人告诉他‘井里掉下一位仁人’，他是不是会跟着跳下去呢？”孔子说：“为什么要这样做呢？君子可以到井边设法救人，不让自己陷入井中；可以被人用正当的理由欺骗，但不可以被愚弄。”

子曰："君子博学于文，约之以礼，亦可以弗畔矣夫①！"

题解

本章清楚地说明了孔子的教育目的。他当然不主张离经叛道，那么该怎么做呢？他认为应当广泛地学习古代典籍，而且要用"礼"来约束自己。说到底，他是要培养懂得"礼"的君子。后来孟子亦说过："动容周旋中礼者，盛德之至也。"

注释

①畔：通"叛"。矣夫：语气词，表示较强烈的感叹。

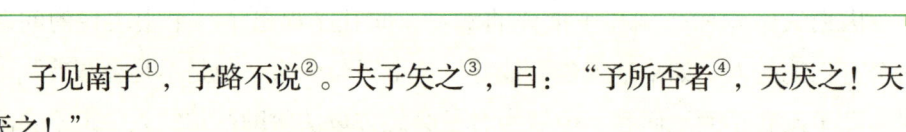

孔子教导弟子如何恪守正道。

译文

孔子说："君子广泛地学习文化知识，再用礼来加以约束，这样也就不会离经叛道了。"

子见南子①，子路不说②。夫子矢之③，曰："予所否者④，天厌之！天厌之！"

题解

南子是卫灵公的夫人，她名声不太好，还恃宠擅权，想要孔子帮忙辅政，却又无真心任用之意。孔子不得已见了她，子路十分不高兴。孔子便对天发誓，说他去见南子并没有做什么不正当的事。这件事显示出孔子很重视师生之间的关系和感情。从这里可以看出孔子是一个十分真诚的人，不像后世的假道学。

注释

①南子：卫灵公夫人。当时把持着卫国的朝政，行为不端。关于她约见孔子一事，《史记·孔子世家》有较生动的记载。②说（yuè）：通"悦"。③矢：通

“誓”。④所……者：相当于“假如……的话”，用于誓词中。

译文

孔子去见南子，子路不高兴。孔子发誓说：“假若我做了什么不对的事，让上天厌弃我吧！让上天厌弃我吧！”

子曰：“中庸之为德也①，其至矣乎！民鲜久矣②。”

题解

“中庸”是儒家思想的核心范畴之一。但在《论语》中，却仅此一处提及。从孔子称“中庸”为至德，则可见他对这一思想的重视。中庸属于哲学范畴，也是道德行为的高度适度状态，是最高的德行。宋儒说，不偏不倚，选择行为之恰到好处，谓之中；就日常生活之长期坚持，谓之庸。中庸就是不偏不倚的、平常的道理。中庸又被理解为“中道”，中道就是不偏于对立双方的任何一方，使双方保持均衡状态。中庸又称为“中行”，中行是说，人的气质、作风、德行都不偏于一个方面，对立的双方互相牵制、互相补充。

中庸是一种高度和谐的思想。调和与均衡是事物发展过程中的一种状态，这种状态是相对的、暂时的，却是人们所应当追求的。孔子揭示了事物发展过程的这一状态，并概括为“中庸”。中庸不是和稀泥，不是“骑墙”，而是一种完满状态。

注释

①中庸：孔子学说的一种最高道德标准。中，折中，调和，无过之也无不及。庸，平常，普通。②鲜（xiǎn）：少。

译文

孔子说：“‘中庸’作为一种道德，该是最高的了！但人们已经长久缺乏这种道德了。”

孔子向弟子们阐释中庸之道。

子贡曰："如有博施于民而能济众，何如？可谓仁乎？"子曰："何事于仁，必也圣乎！尧、舜其犹病诸[①]！夫仁者[②]，己欲立而立人，己欲达而达人。能近取譬，可谓仁之方也已。"

题解

这一章孔子继续阐述他提出的"仁"的概念。他认为一个仁爱的人一定是善于为他人着想的。"己欲立而立人，己欲达而达人"是实行"仁"的重要原则。"推己及人"就做到了"仁"。广泛施行恩惠给天下之民，能使天下万民各得其所而没有不济的，通常只有圣王可以做到，尧舜正是这样的圣王，却还觉得这种要求难以做到。

孔子与弟子探讨"仁人"的境界。

在后面的章节里，孔子还说"己所不欲，勿施于人"等。这些都说明了孔子关于"仁"的基本主张。对此，我们到后面还会讲解。总之，这是孔子思想的一个重要方面，是社会基本伦理准则，在今天同样具有重要价值。

注释

①尧、舜：传说中上古时代的两位天子，是孔子推崇的圣人。病：心有所不足。②夫（fú）：助词，用于句首，提起下文。

译文

子贡说："如果一个人能广泛地给民众以好处，而且能够帮助众人生活得很好，这人怎么样？可以说他有仁德了吗？"孔子说："哪里仅仅是仁德呢，那一定是圣德了！尧和舜大概都难以做到！一个有仁德的人，自己想树立的，同时也帮助他人树立；自己要事事通达顺畅，同时也使他人事事通达顺畅。凡事能够推己及人，就可以说是实行仁道的方法了。"

述而篇第七

子曰："述而不作，信而好古。窃比于我老彭①。"

题解

孔子一生自觉地致力于整理文化遗产，普及文化教育。在这一章里，孔子总结自己的事业是"述而不作"，是他老人家对传统的尊重，后人不必把保守的帽子扣在前人头上。

孔子谦称"述而不作"，并没有让后人奉为原则，其实，孔子是述而且作的，以"仁"解"礼"就是孔子的创作。孔子的创作还不止这一点，在教育上他一贯是鼓励有所发扬、有所创新的。

孔子向弟子们传授知识。

注释

①比于我老彭：把自己比作老彭。我，表示亲近。老彭，商代的贤大夫彭祖。

译文

孔子说："阐述而不创作，相信并喜爱古代文化，我私下里把自己比作老彭。"

子曰："默而识之①，学而不厌，诲人不倦，何有于我哉？"

题解

本章讲为学和为师的基本原则。"默而识之"，讲的是要用心，学而不厌的关键是学出乐趣，诲人不倦的关键是对学生有爱心。在这三方面孔子都为后世留下了光辉的示范。

“学而不厌，诲人不倦”已经成为流传千古的名言，对中国传统教育思想的形成与发展产生了不可磨灭的影响。

注释

①识（zhì）：通“志”，记住。

译文

孔子说：“把所见所闻默默地记在心上，努力学习而从不满足，教导他人而不知疲倦，这些事我做到了多少呢？”

子曰：“德之不修，学之不讲，闻义不能徙，不善不能改，是吾忧也。”

题解

这一章孔子慨叹世人不注重自身的修养与学问的提高，不能迁善改过，对此，他常以为忧虑。他把仁德修养、学习明礼、见义勇为和知过能改几个问题提出来，希望引起世人的注意。

译文

孔子说：“不去培养品德，不去讲习学问，听到义却不去追随，有缺点而不改正，这些都是我所忧虑的。”

子之燕居①，申申如也②，夭夭如也③。

题解

有人说这章表明孔子即便在闲居时，也十分注重个人思想情操的修养，这不是本章的本义。本章恰恰是描写了孔子平日闲居在家时十分舒适自如的情况，正看出他恬淡平和的心境，以及高深的修养。

孔子绝不是后世那种整天板着面孔要“作古正经”的假道学，我们看看孔门弟子和孔子的真实关系和情感就知道了。

注释

①燕居：安居，闲居。②申申：舒展齐整的样子。③夭夭：和舒之貌。

译文

孔子在家闲居的时候，穿戴很整齐，态度很温和。

子曰："志于道，据于德，依于仁，游于艺[1]。"

题解

孔子教导弟子，为学要以道为志向，以德为根据，以仁为依靠，还要勤学"六艺"。

这一章讲述的是孔子教导弟子进德修业的秩序和方法，层次分明，像一个教学大纲。《礼记·学记》曾说："不兴其艺，不能乐学。故君子之于学也，藏焉，修焉，息焉，游焉。夫然，故安其学而亲其师，乐其友而信其道，是以虽离师辅而不反也。"这个解释阐明了这里所谓的"游于艺"的意思是熟练掌握礼、乐、射、御、书、数六艺，优游其中，如同鱼儿自在游于水中一般。也就是通过熟练掌握技艺而获得自由和愉快。孔子培养学生，就是以道为方向，以德为立脚点，以仁为根本，以六艺为涵养之境，使学生能够得到全面的发展。

注释

①艺：指六艺，包括礼、乐、射、御、书、数。

译文

孔子说："以道为志向，以德为根据，以仁为依靠，而游憩于礼、乐、射、御、书、数六艺之中。"

子曰："自行束脩以上[1]，吾未尝无诲焉。"

题解

本章中孔子所说的这段话，表明了他诲人不倦的精神和“有教无类”的教育思想。有很多人解释这段话说是要交十条干肉做学费，还有人说那必定只有中等以上的人家之子弟才交得起，贫民人家是交不起十条干肉的。其实，束脩是古代最菲薄的见面礼，只要是有志于学，而向孔子求学的，孔子都会来者不拒，束脩只是象征性的拜师礼罢了。

注释

①束脩：一束干肉，即十条干肉，是古代一种最菲薄的见面礼。

译文

孔子说：“只要是主动给我十条干肉作为见面礼物的，我从没有不给予教诲的。”

子曰：“不愤不启①，不悱不发②。举一隅不以三隅反，则不复也。”

题解

这一章孔子既讲了教学方法，也讲了学习方法。主要是讲教育者要激发学生主动思考的能力，让受教育者开启活泼的心灵、生动的智慧，能够独立思考。这是一种典型的启发式的教学思想。他反对填鸭式的机械教学做法，要求学生能够举一反三，这是符合教学的基本规律的。

注释

①愤：思考问题时有疑难想不通。②悱（fěi）：想表达却说不出来。发：启发。

译文

孔子说：“教导学生，不到他冥思苦想仍不得其解的时候，不去开导他；不到他想说却说不出来的时候，不去启发他。给他指出一个方面，如果他不能由此推知其他三个方面，就不再教他了。”

子食于有丧者之侧，未尝饱也。

题解

此章说明了孔子是一位感情真挚而且深厚的人，伟大的人性情感必定是细腻而且长久的。在有丧事的人身边吃饭，孔子从没有吃饱过。可见孔子是非常顾及他人感受的。

译文

孔子在有丧事的人旁边吃饭，从来没有吃饱过。

子于是日哭，则不歌。

题解

此章和上章表达了同一个主题：孔子是一位感情真挚而且深厚的人，伟大的人性情感必定是细腻而且长久的。在这一天内，余哀未能忘记，自身不能歌。这也从侧面反映出孔子的日常生活，即在没有哀戚的事情时，孔子是很快乐的，经常唱歌。

译文

孔子如果在这一天哭泣过，就不再唱歌。

子谓颜渊曰："用之则行，舍之则藏，唯我与尔有是夫①！"子路曰："子行三军，则谁与②？"子曰："暴虎冯河③，死而无悔者，吾不与也。必也临事而惧，好谋而成者也。"

题解

这一段师生之间的问答很有趣。子路见孔子盛赞颜回，于是说自己也有长处，想夫子若是率领三军，必然会选择与自己一起共事。孔子却再一次指出他鲁莽冒失的缺点，告诉他，光凭勇敢是不行的。短短几句话，反映出了人物的性格。

注释

①夫（fú）：语气词，相当于"吧"。②与：同……一起，共事。③暴虎：空手与老虎搏斗。冯河：赤足蹚水过河。冯，通"凭"。

译文

孔子对颜渊说："如果用我，就去积极行动；如果不用我，就藏起来。只有我和你才能这样吧！"子路说："如果让您率领三军，您愿找谁一起共事呢？"孔子说："赤手空拳和老虎搏斗，徒步涉水过大河，即使这样死了都不后悔的人，我是不会与他共事的。我所要找的共事的人，一定是遇事谨慎小心，善于谋划而且能完成任务的人。"

孔子对颜渊说：如果被用，就去积极行动；如果不被用，就隐藏起来。

子曰："富而可求也[①]，虽执鞭之士[②]，吾亦为之。如不可求，从吾所好。"

题解

孔子在这里又提到了富贵和道的关系。只要是合乎于道，就可以去追求富贵；不合乎于道，就不能去追求富贵，那么，他就做自己喜欢做的事情。从此处可以看出，孔子不反对做官，不反对富有，但是必须符合道。

注释

①而：用法同"如"，表示假设的连词。可求：可以求得，指道理上可以求得。②执鞭之士：古代的天子、诸侯和官员出入时手执皮鞭开路的人。意思指地位低下的职事。

译文

孔子说："财富如果可以合理求得的话，即使是做手拿鞭子的差役，我也愿意。如果不能合理求得，我还是做自己所爱好的事。"

子之所慎：齐[①]，战，疾。

题解

战争关系到人民的生死、国家的存亡，祭祀代表的是对于天地鬼神的敬畏和虔诚，两者都是国家的大事，疾病是个人的大事，孔子都十分谨慎。这反映了孔子对于生命的珍惜和谨慎。

注释

①齐（zhāi）：通“斋”，古代祭祀之前，先要整洁身心，叫作斋戒。

译文

孔子所谨慎小心对待的事有三件：斋戒，战争，疾病。

子在齐闻《韶》①，三月不知肉味②。曰：“不图为乐之至于斯也！”

题解

孔子的音乐素养相当高，具有极高的音乐鉴赏能力。音乐有着穿越时空的感召力，可以直接作用于心灵，修养心性。

《韶》乐是赞美舜的乐章，是当时的经典古乐。孔子听了《韶》乐以后，在很长时间内品尝不出肉的滋味，这当然是一种夸张的说法，但同时也表明了孔子对于音乐教化的重视。

注释

①《韶》：相传是大舜时的音乐。②三月：很长时间。“三”是虚数。

译文

孔子在齐国听到《韶》这种乐曲后，很长时间内即使吃肉也品尝不出肉的滋味，他感叹道：“没想到音乐欣赏竟然能达到这样的境界！”

冉有曰：“夫子为卫君乎①？”子贡曰：“诺，吾将问之。”入，曰：“伯夷、叔齐何人也？”曰：“古之贤人也。”曰：“怨乎？”曰：“求仁而得仁，又何怨？”出，曰：“夫子不为也。”

题解

孔子反对一切破坏礼制秩序的战争，认为为了个人欲望而使成千上万的百姓遭殃，是极大的不仁。卫国灵公太子之子辄即位后，其父与其争夺王位，掀起了战争。子贡想试探孔子的态度，因为这件事恰好与伯夷、叔齐两兄弟互相让位的史实形成鲜明对照。这里，孔子赞扬了伯夷、叔齐，也表明了对卫出公父子不义之战的不满。

子贡问孔子是否赞成卫国国君的行为。

注释

①为（wèi）：帮助，赞成。卫君：卫出公辄。辄是卫灵公之孙，太子蒯聩之子。蒯聩得罪了卫灵公的夫人南子，逃亡晋国。灵公死，辄为君。晋国想借把蒯聩送回之机攻打卫国，被卫国抵御，蒯聩也被拒绝归国。这种情势客观上造成蒯聩与辄父子争夺君位，与伯夷、叔齐互相推让君位恰成对比。子贡引以发问，试探孔子对卫出公辄的态度。

译文

冉有说："老师会赞成卫国的国君吗？"子贡说："嗯，我去问问老师吧。"子贡进入孔子房中，问道："伯夷和叔齐是怎样的人呢？"孔子说："他们是古代贤人啊。"子贡说："他们会有怨悔吗？"孔子说："他们追求仁德，便得到了仁德，又怎么会有怨悔呢？"子贡走出来，对冉有说："老师不会赞成卫国国君的。"

子曰："饭疏食[①]，饮水，曲肱而枕之[②]，乐亦在其中矣。不义而富且贵，于我如浮云。"

题解

这一章孔子表明的是自己对于人生快乐的理解，再次申明了自己坚持以仁义为主体的理想。孔子提倡"安贫"，是为了"乐道"，认为"饭疏食，饮水，曲肱而枕之"的生活对于有理想的人来讲，可以说是乐在其中的。同时，他还提出，不义的富贵荣华如天上的浮云一般，自己是不会追求的。

注释

①饭：吃。名词用作动词。疏食：糙米饭。②肱（gōng）：胳膊。

译文

孔子说："吃粗粮，喝清水，弯起胳膊当枕头，这其中也有着乐趣。而通过干不正当的事得来的富贵，对于我来说就像浮云一般。"

子曰："加我数年①，五十以学《易》②，可以无大过矣。"

题解

孔子学《周易》以知天命，可以做到行为没有大的过错。

《周易》虽是古代的卜筮之书，却具有切近的现实经验和辩证的哲学思想，追究天人的对应交感，阴阳的相辅相成，穷理尽性而达变，对人生具有现实的指导意义。孔子对于《周易》的学习表明他具有活到老、学到老、乐天知命而又积极进取的精神。孔子说，"五十而知天命"，这里说"五十以学《易》"，学《周易》和"知天命"都是对于人生意义的探求，对于天人之际的思索。他认真研究《周易》，是为了使自己的言行符合于"天命"。《史记·孔子世家》中说，孔子"读《易》，韦编三绝"。他非常喜欢读《周易》，曾把穿竹简的皮条翻断了很多次。孔子坚持学习、自强不息的奋发进取精神，值得后人学习。

注释

①加：这里通"假"字，给予的意思。②《易》：《易经》，又称《周易》，古代一部用以占筮（卜卦）的书，其中卦辞和爻辞是孔子以前的作品。

译文

孔子说："给我增加几年的寿命，让我在五十岁的时候去学习《易经》，就可以没有大过错了。”

子所雅言[①]：《诗》、《书》、执礼，皆雅言也。

题解

此章是就孔子从事主要活动所用的语言来说明孔子对于文明传统的尊重。春秋时期各个诸侯国的语言不统一，各有方言。雅言是中原通用的语言，类似于今天的普通话，是正音。语言是一种文化的工具，中国的语言文字是中华文明的一大特征，孔子对此是非常尊重的，在讲述《诗经》《尚书》或者行礼时都用雅言，便于阐发本义，倡导传统文化和道德。后世曾经想把中国语文拼音化，此举不但不可行，从文化自尊上还应该好好向孔子学习。

注释

①雅言：古代西周人的语言，即标准语，相当于今天的普通话。

译文

孔子有用雅言的时候，读《诗经》《尚书》和执行礼事，都用雅言。

叶公问孔子于子路[①]，子路不对。子曰："女奚不曰[②]：其为人也，发愤忘食，乐以忘忧，不知老之将至云尔[③]。"

题解

这一章中子路没有回答他人打听孔子的问话，也很难回答，因为很难用言语来概括描述孔子。孔子自己几句朴实平易的话无意当中向我们展现了一个乐观进取、具有伟大人格和人生境界的圣人形象。孔子自述其心态："发愤忘食，乐以忘忧"，这是求知日新到了

孔子对子路说，自己是个发愤忘食、乐以忘忧、不知老之将至的人。

忘我忘情的境界，这种人格和境界为后世树立了榜样、开辟了方向，让人们能够充实地走好自己的人生之路。

注释

①叶（shè）公：楚国大夫沈诸梁，字子高。封地在叶邑，今河南叶县南三十里有古叶城。②奚：何，为什么，怎么。③云尔：云，如此；尔，同“耳”，而已。

译文

叶公问子路孔子是个怎样的人，子路没有回答。孔子说：“你为什么不这样说：他的为人，发愤用功到连吃饭都忘了，快乐得忘记了忧愁，不知道衰老将要到来，如此等等。”

子曰：“我非生而知之者，好古，敏以求之者也。”

题解

孔子说自己是个喜好古代文化、勤勉求取知识的人。

孔子再一次声明自己是经过后天孜孜不倦的努力学习而有所成就的，否定自己是生而知之的人。这既是一种谦逊的美德，更是给了他的学生以极大的鼓励和希望。有没有“生而知之者”，这里不做讨论，但孔子用自己的实践告诉人们，他之所以成为学识渊博的人，在于他对于古代的典章制度和文献图书有真切的爱好，而且勤奋学习。连孔子都说自己是“敏以求之”的人，普通人更应该虚心向学，孜孜以求。

译文

孔子说：“我并不是生下来就有知识的人，而是喜好古代文化、勤奋敏捷去求取知识的人。”

子不语：怪、力、乱、神[1]。

题解

孔子的言谈中很少有对怪异之事、勇力、叛乱及鬼神的崇信。因为怪异之事难以明白、鬼神之事不可捉摸，无从谈起；勇力不值得夸耀，故也不谈；而叛乱时以下犯上，不和礼，向为孔子所反对，所以也不谈论。

注释

①怪：怪异之事。力：勇力。乱：叛乱。神：鬼神之事。

译文

孔子不谈论怪异、勇力、叛乱、鬼神。

子曰："三人行[1]，必有我师焉。择其善者而从之[2]，其不善者而改之。"

题解

孔子这句极为著名的话，已经成为历代有志之士、好学之士的座右铭。凡有一点儿特长的人，他都认为有可资借鉴取法之处。即使是有错误的人，他也认为可以作为反面教材，观照自己的言行有无同样的不足。他喜欢以他人为师，总觉得自己的知识不够。

孔子说：三个人同行，其中必有可为我所取法的老师。

这句话的道理很简单，就是为学者要谦虚好学，可是做起来非常不容易。因为人往往自以为是，免不了虚荣和傲慢。孔子之所以能成为伟大的思想家和教育家，离不开这种谦虚好学的精神。能够虚心向他人学习，这种精神已经十分可贵，更可贵的是，不仅要师人之善，还要以他人的缺点为借鉴，这是平凡而伟大的真理，对于指导我们处世待人、修身养性、增长知识，都是有益的。

注释

①行：行走。②善：优点。从：顺从，学习。

译文

孔子说："三个人同行，其中必定有人可以作为值得我学习的老师。我选取他的优点而学习，如发现他的缺点则引以为戒而加以改正。"

子曰："天生德于予，桓魋其如予何[①]？"

题解

这一章表现了孔子的自信和清醒的使命感。孔子在卫国不被用，便离开卫国前往陈国，途中经过宋国。桓魋是宋国的大夫，他听说后，要带兵去杀害孔子。当时孔子正与弟子们在大树下演习周礼。桓魋便派人砍倒大树，而且要杀孔子，孔子便离开了宋国。在逃跑途中，紧张的学生们劝他快点逃走，孔子便说了这句话。这实际上是孔子自觉历史使命感和崇高的理想所产生的浩然之气，以及临危不惧的大勇气概。

注释

①桓魋（tuí）：宋国的司马（主管军政的官）。孔子离开卫国去陈国，经过宋国，和弟子们在大树下演习礼仪，桓魋想杀孔子，砍掉大树，孔子于是离去。弟子催他快跑，孔子便说："天生德于予，桓魋其如予何！"

译文

孔子说："我的品德是上天所赋予的，桓魋能把我怎样呢！"

子曰："二三子以我为隐乎？吾无隐乎尔。吾无行而不与二三子者，是丘也。"

题解

前面几章是讲孔子是如何好学的，而这一章讲孔子的教育之道是注重言传身教。弟子们以为夫子之道高深而难以企及，疑惑老师似乎总有某种神方妙诀隐藏不授，所以孔子讲了这样一句话。孔子为万世师表，树立了作为教师的职业道德的楷模。他教育学生的方法，一是靠言传身教，自己的知识、学问、道德、文章，都可以向学生传授，没有什么隐瞒和保留的；二是把学习融入日常生活，循循善诱，诲人不倦，让学生亲身去体验和感悟。

译文

孔子说："你们大家以为我对你们有什么隐瞒不教的吗？我没有什么隐瞒不教你们的。我没有一点不向你们公开的，这就是我孔丘的为人。"

子以四教：文、行①、忠、信。

题解

这一章是讲孔子教学的内容和由浅入深的顺序。孔子注重历代古籍、文献资料的学习和教学，但仅有书本知识还不够，还要重视社会实践活动，特别是要注意学识与人品并重。从《论语》书中所记，我们可以看到孔子带领他的学生周游列国，让学生在实践中学习知识、增长才干。但有光书本知识和实践活动还不够，还要养成良好的人品和忠、信的德行。总体来讲，孔子教育学生的，就是书本知识、社会实践和人格道德修养三个方面并行不悖。

注释

①行（xíng）：做名词用，指德行。

译文

孔子以四项内容来教导学生：文化知识、履行所学之道的行动、忠诚、守信。

子曰："圣人，吾不得而见之矣；得见君子者，斯可矣①。"子曰："善人，吾不得而见之矣；得见有恒者②，斯可矣。亡而为有，虚而为盈，约而为泰，难乎有恒矣。"

题解

这一章表明了孔子对当时现实的感叹。对于春秋末期"礼崩乐坏"的社会状况，孔子认为在此社会背景下，难以找到他理想中的“圣人”“善人”，而那些以无作有、空虚却假装充实、贫困却冒充富裕的人却比比皆是，在这样的情况下，能看到“君子”“有恒者”就心满意足了。

孔子论“圣人”“善人”，认为能做到“君子”和“有恒者”就难能可贵了。

注释

①斯：就。②有恒：有恒心。这里指保持好的操守。

译文

孔子说：“圣人我是看不到了，能够看到君子，也心满意足了。”孔子又说：“善人我是看不到了，能看到有一定操守的人就可以了。没有却装作有，空虚却装作充盈，本来穷困却装作富裕，这样的人很难保持好的操守。”

子钓而不纲[①]，弋不射宿[②]。

题解

孔子捕鱼而不用绳网，射鸟而不射已经入巢栖息的鸟，这种不妄杀滥捕的做法，是将仁德之心推及到一切物事，是一种最朴实的生活态度，足见孔子仁德的境界。

注释

①纲：动词，用大绳系住网，断流以捕鱼。②弋（yì）：用系有绳子的箭来射鸟。宿：归巢栖息的鸟。

译文

孔子只用鱼竿钓鱼，而不用大网来捕鱼；用带绳的箭射鸟，但不射归巢栖息的鸟。

子曰："盖有不知而作之者，我无是也。多闻，择其善者而从之，多见而识之[1]，知之次也[2]。"

题解

这一章是孔子关于学习的方法论，他主张对自己所不知的，应该多听、多看，努力学习。反对那种本来什么都不懂，却凭空杜撰的做法。注重实践，反对空谈，他自己是这样做的，同时也要求他的学生这样去做。

注释

①识（zhì）：通"志"，记住。②次：《论语》中出现过八次，均当"差一等""次一等"讲。

译文

孔子说："大概有自己不懂却凭空造作的人吧，我没有这样的毛病。多听，选择其中好的加以学习；多看，全记在心里。这样的知，是仅次于'生而知之'的。"

互乡难与言[1]，童子见，门人惑。子曰："与其进也，不与其退也，唯何甚？人洁己以进，与其洁也，不保其往也。"

题解

孔子知道互乡这个地方的人闭塞保守，很难打交道，很多道理可能行不通。所以他说"与其进也，不与其退也""人洁己以进，与其洁也，不保其往也"，这从一个侧面反映出孔子与人为善的处世态度和宽容精神，对有进取之心的人加以鼓励，

孔子不嫌互乡之人难以理喻而接见互乡一好学童子。

而不拘泥于他人过去的过失。正是抱着人皆可教，错皆可改，凡事“成人之美”的愿望，孔子才能有“诲人不倦”“有教无类”的教育态度。

注释

①互乡：地名，今在何处已不可考。

译文

互乡这地方的人难以同他们交谈，孔子却接见了互乡的一个童子，弟子们都觉得疑惑。孔子说：“我是赞成他求上进，不赞成他退步，何必做得太过呢？他人修饰容仪而来要求上进，就应该赞成他的这种做法，而不要总是抓住他的过去不放。”

子曰：“仁远乎哉？我欲仁，斯仁至矣。”

题解

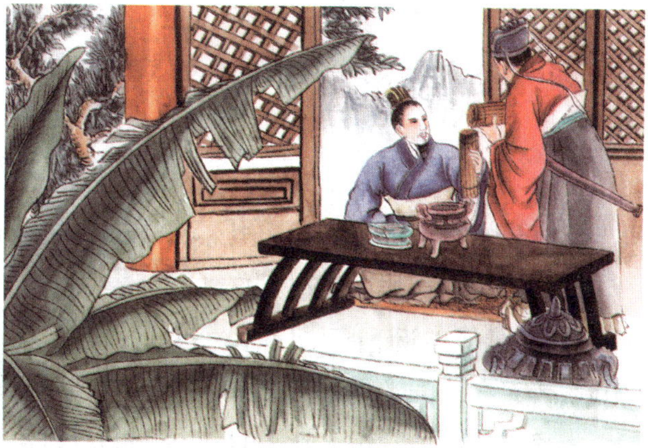
孔子论仁。

从本章孔子的言论来看，仁其实离我们很近。人天生的本性之中就有仁的成分，因此为仁只要诚心去做，“我欲仁，斯仁至矣”。这种认识的基础是靠道德的自觉，经过不懈的努力，就有可能达到仁的境界。这里，孔子强调了人的主观能动性，意义重要。孔子坚信，只要愿意以“仁”的标准要求自己，持之以恒地按照“仁”的规范来行动，那么就能达到“仁”的境界。孔子把仁看作人固有的本性，为仁全靠自己，不能依靠外力。只要自觉努力，人人都可以成为道德高尚的仁人。

译文

孔子说：“仁德难道离我们很远吗？只要自己愿意实行仁，就可以达到仁。”

陈司败问[①]："昭公知礼乎？"孔子曰："知礼。"孔子退，揖巫马期而进之，曰："吾闻君子不党，君子亦党乎？君取于吴为同姓[②]，谓之吴孟子[③]。君而知礼，孰不知礼？"巫马期以告。子曰："丘也幸，苟有过，人必知之。"

题解

孔子为鲁昭公娶同姓之女这一失礼的行为故作不知，表明了他是"为尊者讳"，不直说君主不知礼。但他的袒护行为被人指了出来，他的学生还特意告诉了他。在这种情况下，孔子承认错误说："丘也幸，苟有过，人必知之。"流露出磊落坦荡的君子之风。事实上他已经通过这种方式表示了鲁昭公失礼，但孔子的做法没有失礼。

注释

①陈司败：陈国主管司法的官，姓名不详。有人说是齐国大夫，姓陈名司败。②吴：国名。鲁为周公之后，吴为太伯之后，都是姬姓。③吴孟子：鲁昭公夫人，本应叫吴姬，因同姓不婚，故去掉她的姓（姬），改称吴孟子。

译文

陈司败问："鲁昭公知礼吗？"孔子说："他知礼。"孔子走出去后，陈司败向巫马期作了个揖，请他走近自己，说："我听说君子不因关系亲近而偏袒，难道君子也偏袒吗？鲁君从吴国娶了位夫人，是鲁君的同姓，于是称她为吴孟子。鲁君若算得上知礼，还有谁不知礼呢？"巫马期把此话告诉了孔子。孔子说："我孔丘真幸运，如果有错误，他人一定会指出来让我知道。"

孔子与陈司败论"昭公知礼"。

子与人歌而善，必使反之①，而后和之。

题解

孔子注重生活的艺术化，作为音乐爱好者，音乐也是他授课的内容之一。上音乐课的时候，同样抱着平易近人的态度，没有任何架子，他并不认为自己作为老师就应该是全知全能的，故会不断地汲取他人的长处。一个唯有感觉自己不足的人才能成其伟大。

注释

①反：复，再。

译文

孔子与他人一起唱歌，如果这个人唱得好，一定会请他再唱一遍，然后自己又和他一起唱。

子曰："文，莫吾犹人也①。躬行君子，则吾未之有得。"

题解

孔子一直否认自己是生而知之的，在这里，仍然强调身体力行。对于"文，莫吾犹人也"一句，在学术界有不同解释。有的说此句意为："讲到书本知识我不如他人"；有的说此句应为："勤勉我是能和他人相比的"。我们这里采用了"大概我和他人差不多"这样的解释。接着，孔子又谦逊地表示，作为一个君子，自己还远远没有达到君子的标准。这从一个侧面反映了孔子心目中的"君子"的标准是非常高的。

注释

①莫：大概，差不多。

译文

孔子说："就书本上的学问来说，大概我同他人差不多。身体力行地去做一个君子，那我还没有达到。"

子曰："若圣与仁，则吾岂敢？抑为之不厌[①]，诲人不倦，则可谓云尔已矣[②]。"公西华曰："正唯弟子不能学也。"

题解

孔子认为学而不知满足是知，教诲他人而不知疲倦是仁，两者结合起来是圣的境界。在前面的章节中，孔子已经谈到"学而不厌，诲人不倦"，本章又说到"为之不厌，诲人不倦"，可见其思想确实是一以贯之的。他谦称道，说起圣与仁，自己还愧不敢当，但朝这个方向努力，自己也会不厌其烦地去做，同时，自己也会不感疲倦地去教诲他人。这是他的由衷之言。

注释

①抑："只不过是"的意思。②云尔：这样说。

译文

孔子说："如果说到圣和仁，那我怎么敢当！不过是朝着圣与仁的方向努力去做而不厌倦，教导他人不知疲倦，那是可以这样说的。"公西华说："这正是我们弟子学不到的。"

子曰："奢则不孙[①]，俭则固[②]。与其不孙也，宁固。"

题解

孔子在奢与俭两者的取舍上，表现出了圣者的理智，把握好了度。春秋时期各诸侯、大夫等都僭越礼制，生活极为奢侈豪华，他们的生活享乐标准和礼仪规模都与周天子没有区别。孔子认为，这些越礼、违礼的行为，还不如简陋的好。节俭虽然会让人感到寒酸简陋，但与其越礼，则宁可寒酸简陋，保持礼的尊严。

注释

①孙（xùn）：同"逊"，恭顺。不孙，即为不逊，这里指"越礼"。②固：简陋、鄙陋，这里是寒酸的意思。

译文

孔子说："奢侈豪华就会显得不谦逊，省俭朴素则会显得寒碜。与其不谦逊，宁可寒碜。”

子曰：“君子坦荡荡，小人长戚戚。”

题解

君子胸怀坦荡，问心无愧，自然光明磊落；小人身陷私欲，纠缠于得失，两者相比，生活的境界大不相同。当然，君子与小人的根本差别还在于人生目标和人生信仰的不同。

译文

孔子说：“君子的心地开阔宽广；小人却总是心地局促，带着烦恼。”

君子心胸宽广，小人经常忧愁。

子温而厉，威而不猛，恭而安。

题解

这是孔子的学生对老师总结的最为贴切的形象。孔子向来温良恭俭让，给人以好好先生的印象，但只有他的学生知道，他们的老师待人待己待物都是非常严厉、严谨的。孔子身材高大，容止端庄，不怒自威；但他为人温文尔雅、和蔼可亲，只使人觉得亲近，从来没有给人以凶猛的感觉。孔子以礼治身，以德修身，神情总是庄重而安详。

译文

孔子温和而严厉，有威仪而不凶猛，谦恭而安详。

泰伯篇第八

子曰："泰伯①，其可谓至德也已矣。三以天下让，民无得而称焉。"

题解

孔子论泰伯，认为他是一个道德完善的人。

大德无名，大功不争，孔子认为让贤是一种高尚的美德。上古时代民风淳朴，仁德浓厚，常有让贤之事。传说古公亶父知道三子季历的儿子姬昌有德，便想传位给季历。长子泰伯知道父亲的心思，也想让位，便与二弟仲雍一起避居吴地。古公亶父死后泰伯也不回来奔丧，后来又断发文身，表示不回来了，于是季历即位，季历之后传国于姬昌，即周文王。武王时，灭了殷商，统一了天下。孔子津津乐道这个故事，表达了他的理想，而让位者显示出的明智与仁德，老百姓也是无比崇敬的。

注释

①泰伯：又叫太伯，周朝祖先古公亶父的长子。古公有三个儿子：泰伯、仲雍、季历。季历的儿子就是姬昌（周文王）。传说古公预见到姬昌的圣德，想打破惯例把君位传给幼子季历。长子泰伯为使父亲如愿，便偕同仲雍出走他国，使季历和姬昌顺利即位，后来姬昌之子统一了天下。

译文

孔子说："泰伯，那可以说是道德最崇高的人了。他多次把社稷辞让给季历，人民简直都找不出恰当的词语来称颂他。"

子曰："恭而无礼则劳，慎而无礼则葸①，勇而无礼则乱，直而无礼则绞②。君子笃于亲③，则民兴于仁；故旧不遗，则民不偷④。"

题解

孔子认为，做到了礼，社会就会兴起仁德的风气，人与人之间便不会冷漠淡然。

这章是孔子说明礼的重要性，虽是好的德行，也要以礼来加以节制，才会没有流弊。凡事过犹不及，孔子重视适度合宜，讲究尺度，人情味和理性要完美结合。恭敬、谨慎、勇敢、直率，都是很好的德行，但这些德目的实践要符合中庸的准则，它们之间互相联系、互相补充。如若恭敬而不合乎礼，就会出现疲劳；谨慎而不知礼则会懦弱不前；勇敢而不讲究礼就会做事过分，扰乱社会的正常秩序；直率而无礼，便如绞绳一样愈绞愈紧，责备人深切尖刻，令人不堪忍受。

注释

①葸（xǐ）：拘谨、畏惧的样子。②绞：说话尖刻，出口伤人。③笃：厚待，真诚。④偷：淡薄，不厚道。

译文

孔子说："一味恭敬而不知礼，就未免会劳倦疲乏；只知谨慎小心，却不知礼，便会胆怯多惧；只是勇猛，却不知礼，就会莽撞作乱；心直口快却不知礼，便会尖利刻薄。君子能用深厚的感情对待自己的亲族，民众中则会兴起仁德的风气；君子不遗忘背弃他的故交旧朋，那民众便不会对人冷淡漠然了。"

曾子有疾，召门弟子曰："启予足①！启予手！《诗》云：'战战兢兢，如临深渊，如履薄冰②。'而今而后，吾知免夫！小子！"

题解

此章讲的是曾子因病而得出的人生经验，这也是一种学习。曾子借用《诗经》里的诗句来说明自己一生谨慎小心，避免损伤身体，能够对父母尽孝。据《孝经》记载，孔子曾对曾参说过：“身体发肤，受之父母，不敢毁伤，孝之始也。”就是说，孝子应当小心爱护父母给予自己的身体，头发和皮肤都不能损伤，自爱是孝的开始。曾子力行孝道，平素的修行就是战战兢兢，如临深渊，如履薄冰，不敢有丝毫疏忽。直到面临身死，才敢说自己能免于有损孝道之虞。

注释

①启：通“瞀”，看。②“战战兢兢”三句：见《诗经·小雅·小旻》。

译文

曾子生病，把他的弟子召集过来，说道：“看看我的脚！看看我的手！《诗经》上说：‘战战兢兢，好像面临着深渊，好像走在薄薄的冰层上。’从今以后，我才知道自己可以免于祸害刑戮了！学生们！”

曾子有疾，孟敬子问之①。曾子言曰：“鸟之将死，其鸣也哀；人之将死，其言也善。君子所贵乎道者三：动容貌，斯远暴慢矣；正颜色，斯近信矣；出辞气，斯远鄙倍矣②。笾豆之事③，则有司存④。”

题解

这一章是曾子对孟敬子讲执政要修身的道理。曾子用鸟将死而鸣哀来比喻人将死而言善的道理，表明了自己的衷肠。他一方面表示自己对孟敬子没有恶意，另一方面告诉孟氏，作为君子应当重视三个方面的问题。其一，动容貌，人与人之间的交往，一般都是首先见容貌，其次观颜色，最后用言语交谈，故礼义之始就在于正容止。从仪容举止，推及一切事，都要有秩序，这样就能远离他人的怠慢不敬。其二，正颜色，对人的态度要庄重，这样就能令人以信实相待。其三，出辞气，谈吐言辞要适当而且清楚，这样就可以避免粗野和错误。

注释

①孟敬子：鲁国大夫仲孙捷。②鄙倍：鄙陋，错误。倍，通“背”，背理，错误。③笾豆：祭礼中使用的器皿，笾是竹制的，豆是木制的。笾豆之事，在此指代礼

仪中的一切具体细节。④有司：主管祭祀的官吏。

译文

曾子生病了，孟敬子去探望他。曾子说："鸟将要死时，鸣叫声是悲哀的；人将要死时，说出的话是善意的。君子所应当注重的有三个方面：使自己的容貌庄重严肃，这样就可以避免他人的粗暴和怠慢；使自己面色端庄严正，这样就容易使人信服；讲究言辞和声气，这样就可以避免粗野和错误。至于礼仪中的细节，自有主管部门的官吏负责。"

病中的曾子与前来看望他的孟敬子谈论君子。

曾子曰："以能问于不能，以多问于寡；有若无，实若虚；犯而不校[①]。昔者吾友尝从事于斯矣[②]。"

题解

这一章与前述"不耻下问"的思想是一致的。曾子完全继承了孔子的思想学说。"问于不能""问于寡"等都表明了曾子谦逊的学习态度。能够"问于不能""问于寡"是明智的态度，没有知识、没有才能的人并不是一无是处的，在他们身上总有值得学习的地方。所以，善于学习的人即要向有知识、有才能的人学习，也要向少知识、少才能的人学习。曾子还提出"有若无""实若虚"的学习态度，希望人们始终保持谦虚不自满、虚怀若谷的态度。曾子说

曾子谈论学习之道，认为善于学习的人应该虚怀若谷、不耻下问。

“犯而不校”，表现出忍让的精神和宽阔的胸怀，这是值得学习的。这里曾子所说的“吾友”，当指孔门中德行、学问都很出众的颜回。

注释

①校（jiào）：计较。②吾友：有人说指颜渊。

译文

曾子说：“有才能却向没有才能的人请教，知识广博却向知识少的人请教；有学问却像没学问一样，满腹知识却像空虚无所有；即使被冒犯，也不去计较。从前我的一位朋友就是这样做的。”

曾子曰：“可以托六尺之孤①，可以寄百里之命②，临大节而不可夺也。君子人与③？君子人也。”

题解

曾子认为，能够有德才担当辅佐国君、执掌国政，一旦面临国家存亡的关头，不为任何利害而改变节操，以天下为己任，决不屈节降志的人，才是真正的具有君子品格的人。

曾子谈论修身之道，认为士人应该弘大刚毅，因为其肩负的任务重大而路途遥远。

注释

①六尺之孤：古人以七尺指成年，六尺指十五岁以下。②百里：指方圆百里的诸侯大国。③与（yú）：同“欤”，表疑问的语气词。

译文

曾子说：“可以把幼小的孤儿托付给他，可以将国家的命脉寄托于他，面对安危存亡的紧要关头，却能不动摇屈服。这样的人是君子吗？这样的人是君子啊。”

曾子曰："士不可以不弘毅①，任重而道远。仁以为己任，不亦重乎？死而后已，不亦远乎？"

题解

伟大人格的形成是需要长期修养锻炼的，仅凭一时的血勇之气是不可能练就伟大人格的。曾子这段话对后世的人才观影响很大。其中"任重道远""死而后已"等语早已被人们作为成语使用。士人以推行仁道为自己应负的重大责任，这种重大责任要一生负载下去，任重而道远，不是人人都能轻易做到的。所以弟子们不可以不宏大而刚毅，要有不屈不挠、坚韧不拔的精神才行。

注释

①弘毅：宏大刚毅。

译文

曾子说："士人不可以不宏大刚毅，因为他肩负的任务重大而路程遥远。把实现仁德作为自己的任务，难道不重大吗？到死方才停止下来，难道不遥远吗？"

子曰："兴于《诗》①，立于礼②，成于乐③。"

题解

这一章孔子提出了从事文化教育的基本程序和三方面内容：诗、礼、乐，而且指出了这三者的不同作用。它要求学生不仅要讲个人的修养，而且要有全面、广泛的知识和技能。"诗"有着强大的感染力，可以启迪心智、陶冶性情，使人懂得人生的真义。"礼"能使人行

孔子说：从学习《诗经》开始，把礼作为立身的根基，掌握音乐使所学得以完成。

为规范，树立人格，卓然自立于社会群体之间。“乐”则陶冶情操，使修身、治学得以完成。

注释

①兴：兴起，开始。②立：成立，建立。③成：完成。

译文

孔子说：“从学习《诗经》开始，把礼作为立身的根基，掌握音乐使所学得以完成。”

子曰：“民可使由之，不可使知之。”

题解

对于这段文字的标点，学术界有不同的意见。如康有为、梁启超等人认为应标为：“民可使，由之；不可使，知之。”意谓：“百姓的知识水平提高了，就给他们政治自由；如尚未达到这一水准，就先教育他们。”康、梁的用心是想通过他们的阐发，让孔子的这段名言能够顺应时代潮流，而不至于被人批评为愚民政治观。与孔子同时代的政治家子产治理郑国，先施行了一系列的革新措施，郑国的民众始怨而后德。盖一般民众在政策推行之初难以明白其利害之势，却可使之行其事。孔子对子产的评价很高，这句话也许正是针对这件事而发的。孔子思想上有“爱民”的内容，但是治国自有治国的方策。本章中他提出的“民可使由之，不可使知之”的说法就是在当时的治国之策上说的。我们不能从现代的社会情况出发去要求孔子。

译文

孔子说：“可以使民众由着我们的道路去做，不可以让他们知道为什么要这样做。”

子曰：“好勇疾贫①，乱也。人而不仁，疾之已甚②，乱也。”

题解

本章与上一章联系起来，表达了孔子的分析社会的辩证思想。好勇而不安贫不利于社会的安定，而对于那些不仁的人过于痛恨，使他们无所容身，也会惹出祸乱。所以，儒家倡导以礼来规范制约人的行为，认为适宜合度是非常重要的，若能把智勇仁义用在好的一面，祸乱也就兴不起来了。

注释

①疾：恨，憎恨。②已甚：即太过分。已，太。

译文

孔子说："喜欢勇敢逞强却厌恶贫困，是一种祸害。对不仁的人憎恶太过，也是一种祸害。"

子曰："如有周公之才之美，使骄且吝，其余不足观也已。"

题解

这段话说明孔子看人强调的是德才兼备而且谦逊大方。不骄傲是周公的主要美德之一，他作为周文王的儿子、周武王的弟弟、周成王的叔父，辅佐天子，却能谦逊下士，为了求得天下贤才，而"一沐三握发，一饭三吐哺"，故天下归心。孔子再三强调谦逊，认为它是"礼"的重要内容。

译文

孔子说："即使有周公那样美好的才能，如果骄傲而吝啬的话，那其他方面也就不值得一提了。"

孔子认为，一个人即使有周公那样美好的才能，如果骄傲而且吝啬的话，也是不可取的。

子曰："三年学，不至于谷①，不易得也。"

题解

从这一章也可以看出，孔子重视的是以学本身为乐，尽管孔子办教育的主要目的是培养治国安邦的人才。古时一般学习三年为一个阶段，此后便可出仕做官，但孔子更看重的是以学为目的的人。读书学习有求官的念头，难免会有急功近利之举，心有杂念，则难以沉潜下去一心向学。所以孔子感叹：读书而不存出仕求官的念头，很难得。

注释

①至：想到。谷：小米，这里指做官得俸禄。

译文

孔子说："读书三年，没想到去做官得俸禄，这是难得的。"

子曰："笃信好学，守死善道。危邦不入，乱邦不居。天下有道则见①，无道则隐。邦有道，贫且贱焉，耻也；邦无道，富且贵焉，耻也。"

题解

这段文字论说的是从政者的进退之道与人品问题。这是孔子向弟子们传授的为官且保身之道。"天下有道则见，无道则隐"；"用之则行，舍之则藏"，孔子不主张无意义的献身，而是应重视保全自己的生命，韬光养晦，以便将来能通达而兼济天下。此外，他还提出应当把个人的贫贱荣辱系于国家的兴衰存亡之上，这才是为官的要点。

注释

①见（xiàn）：同"现"。

译文

孔子说："坚定地相信我们的道，努力学习它，誓死守卫保全它。不进入危险的国家，不居住在动乱的国家。天下有道，就出来从政；天下无道，就隐居不仕。国家有道，而自己贫穷鄙贱，是耻辱；国家无道，而自己富有显贵，也是耻辱。"

子曰："不在其位，不谋其政。"

题解

孔子的这句名言成为后人修身齐家、为政治世的法则。

“不在其位，不谋其政”涉及“名分”问题，名不正则言不顺，不在其位而谋其政，就有僭越之嫌。“不在其位，不谋其政”就是要“安分守己”。为维护社会稳定，就要有规则和秩序，这是一个有用的管理学原则。

孔子说，不在那个职位上，就不考虑它的政务。

译文

孔子说：“不在那个职位上，就不考虑它的政务。”

子曰：“师挚之始[①]，《关雎》之乱[②]，洋洋乎盈耳哉！”

题解

此章是孔子对鲁国太师挚演奏《关雎》乐章的赞叹之辞，寄寓了孔子的礼乐教化思想。太师挚是鲁国有名的乐师，他在音乐合奏中领起。鲁国的音乐恢宏纯正而且优美，充盈着听众的双耳。而音乐关乎政教，孔子这里的赞叹不仅是说明音乐本身的美妙，而且从音乐中照见了鲁国传统文化的博大恢宏，有一种自豪在里面。赞叹中包含了孔子对文化复兴的希望和信心。

孔子听师挚演奏，耳边自始至终充盈着美妙动听的音乐。

注释

①师挚之始：师挚，鲁国乐师，名挚。始，乐曲的开始，一般由太师演奏。挚是太师，所以说师挚之始。②乱：乐曲的结尾。

译文

孔子说："从太师挚开始演奏，到结尾演奏《关雎》乐曲的时间里，美妙动听的音乐都充盈在耳边。"

子曰："狂而不直，侗而不愿[①]，悾悾而不信[②]，吾不知之矣。"

题解

此章孔子对一些虚伪的和不可理喻的品质提出了批评。"狂而不直，侗而不愿，悾悾而不信"都是两头都不占的坏品质，孔子对此十分反感和不理解。这是因为，这几种坏品质既不真实又不符合中庸的基本原则，所以孔子说：我真不知道怎么有人会这样。

注释

①侗（tóng）：幼稚，无知。愿：谨慎老实。②悾悾（kōng）：诚恳的样子。

译文

孔子说："狂妄而不正直，幼稚而不谨慎，看上去诚恳却不守信用，我不知道有的人为什么会这样。"

子曰："学如不及，犹恐失之。"

题解

本章讲的是积极的学习态度。孔子自己对学习知识的欲求十分强烈，这句话是他对自己勤奋好学、至老不衰的求学精神的生动写照，同时也这样要求他的学生。"学如不及，犹恐失之"与"学而不厌"一起成为好学者的座右铭。

孔子认为，求知欲强、勤奋好学才是好的学习态度。

译文

孔子说："学习就像追赶什么似的，生怕赶不上，学到了还唯恐会丢失。"

子曰："巍巍乎，舜禹之有天下也，而不与焉①。"

题解

这里孔子所讲的称颂舜禹的话，是别有所感的。当时社会混乱，礼崩乐坏，弑君、篡位者屡见不鲜。孔子赞颂传说中的舜、禹，意有所指。尧因为舜的贤能而把帝位传给他，舜又传位给大禹，因为大禹有治水的大功，有三过家门而不入的大公无私的精神。孔子将他们推许为古代君主的典范，表明对古时大同之世的认同。他借称颂舜禹，抨击现实中的诸多问题和现象。

孔子称赞舜、禹，认为舜、禹一心为民的德行就像大山一样崇高。

注释

①不与（yù）：即不图自己享受。

译文

孔子说："多么崇高啊！舜、禹拥有天下，（却是为百姓勤劳）而不是为了自己享受。"

子曰："大哉，尧之为君也！巍巍乎！唯天为大，唯尧则之①。荡荡乎，民无能名焉②。巍巍乎，其有成功也！焕乎，其有文章③！"

题解

这一章孔子用最美好的言辞对古代的尧帝大加赞赏。尧是中国远古时代的圣君，他虽然有天下却不为一己之私，视天下为众人之天下，这种浩大的胸襟只有上天才具有。但尧效法于天，其恩惠泽被万民后世，制定典章制度让天下有章可循、有礼可依，是文明文化的启端。孔子在这里用极美好的语言称赞尧，尤其对当时的礼仪文明大加赞美，表达了他对古代先王的崇敬之情。

注释

①则：效法。②名：形容，称赞。③文章：指礼仪制度。

译文

孔子说："尧作为国家君主，真是伟大、崇高呀！唯有天最高最大，只有尧能效法于上天。他的恩惠真是广博呀！百姓简直不知道该怎样来称赞他。他创建的功绩，真是崇高呀！他制定的礼仪制度，真是灿烂美好呀！"

舜有臣五人而天下治。武王曰："予有乱臣十人[1]。"孔子曰："才难，不其然乎？唐、虞之际，于斯为盛。有妇人焉[2]，九人而已。三分天下有其二，以服事殷。周之德，其可谓至德也已矣。"

题解

孔子认为，治国安邦关键在于人才，所以他十分重视举荐贤才。而人才是十分难得的。有了人才，国家就可以得到治理，天下就可以太平。在历史发展过程中，杰出人物、优秀人物都发挥了巨大作用，鲁迅先生甚至称赞他们为"民族脊梁"。用人在贤，得人在德。周朝兼有礼乐文明仁德之治，周文王虽然能得到贤臣和民心，有三分之二的天下，却能谨守臣道，故孔子推之为"至德"。

舜有五位贤臣辅政，天下就得到了治理。

注释

①乱臣：据《说文》："乱，治也。"此处所说的"乱臣"，应为"治国之臣"。②妇人：传说是指太姒，文王妻，武王母，亦称文母。

译文

舜有五位贤臣，天下就得到了治理。武王说过："我有十位能治理天下的臣子。"孔子说："人才难得，不是这样吗？唐尧、虞舜时代以及周武王时，人才最盛。然而武王十位治国人才中有一位还是妇女，所以实际上只有九人而已。周文王得了天下的三分之二，还仍然服侍殷朝，周朝的道德，可以说是最高的了。"

子曰："禹，吾无间然矣①。菲饮食②，而致孝乎鬼神③；恶衣服，而致美乎黻冕④；卑宫室，而尽力乎沟洫⑤。禹，吾无间然矣。"

题解

大禹不追求个人的享乐和虚荣，敬仰天地鬼神，隆重地举行祭祀，自己的宫室低矮卑下，却尽力于为民兴修沟渠水利，可见他不仅个人人格完满，而且是个厚爱百姓的君王。故孔子盛赞大禹的功德，表示对他已经无可非议。

以上这几章，孔子对于尧、舜、禹给予高度评价，并对他们所处时代的圣君贤臣、古国仁德、典章礼乐等理想的境况充满了向往之情。

注释

①间（jiàn）然：意见。②菲（fěi）：薄。③乎：相当"于"。④黻（fú）冕（miǎn）：古代祭祀时穿的衣帽。⑤沟洫（xù）：沟渠，指农田水利。

译文

孔子说："禹，我对他没有意见。他自己的饮食吃得很差，却用丰盛的祭品孝敬鬼神；他自己平时穿得很简朴，却把祭祀穿的服饰和冠冕做得华美；他自己居住的房屋很差，却把精力完全用于沟渠水利上。禹，我对他没有意见。"

子罕篇第九

子罕言利与命与仁[1]。

题解

这章是弟子关于孔子言谈情况的印象。孔子平时所言多是平常话，因为他认为道蕴含在平凡具体之中，故很少去做形而上的空洞的说教。利是人之所欲，但为利当思义，直接谈论利，容易使听者误入歧途。但孔子注重命，赞成仁，《论语》一书中就多次讲到命与仁。

注释

①罕：稀少。

译文

孔子很少（主动）谈论功利、天命和仁德。

达巷党人曰[1]：“大哉孔子！博学而无所成名。”子闻之，谓门弟子曰：“吾何执？执御乎？执射乎？吾执御矣。”

题解

孔子在青年时代，即以“博学”著称于闾里。中年以后，又以“多能”蜚声于天下，如吴太宰韶之所赞美者。孔子则说：“吾少也贱，故多能鄙事。”由此可知孔子的博学多能，是从青年时代艰苦的生活环境和工作环境中磨炼出来的。亦即从行的工夫中，获

孔子听达巷党人说自己博学而没有成名的专长后，对弟子戏言驾马车就是他的专长。

得广博的知识和多方面的才能。

孔子作为当时百科全书式的渊博学者，于道于艺，无不精通，故听人赞美他“博学而无所成名”时，说出这样诙谐风趣的话：我干什么呢？我还是赶马车吧。

注释

①达巷党人：达巷，地名。党，五百家为一党，达巷党，即达巷里（或屯）。

译文

达巷里有人说：“孔子真是伟大啊！学问广博，可惜没有使他树立名声的专长。”孔子听了这话，对弟子们说：“我干什么好呢？是去驾马车呢，还是去当射箭手呢？我还是驾马车吧！”

子曰：“麻冕①，礼也；今也纯②，俭③，吾从众。拜下，礼也，今拜乎上，泰也④。虽违众，吾从下。”

题解

此章表明了孔子并不是一味地维护传统的礼仪，而是对于礼仪改革持坚守、变通的开明态度。涉及礼之精神的是必须坚持的，而那些纯外在的仪文规矩，可以不必坚持。礼讲究简朴，以前是用麻布做礼帽，但现在用丝料制作礼帽显得简朴，所以从之。礼讲究发乎内心的真情，而行礼的简化是心有不诚而导致行为的简慢，所以不从。

孔子赞成用丝料代替麻线做礼帽，认为既省俭，又合乎礼。

注释

①麻冕：麻织的帽子。②纯：黑色的丝。③俭：用麻织帽子，比较费工，所以说改用丝织是俭。④泰：骄纵。

译文

孔子说："用麻线来做礼帽，这是合乎礼的；如今用丝来做礼帽，这样省俭些，我赞成大家的做法。臣见君，先在堂下磕头，然后升堂磕头，这是合乎礼节的；现在大家都只是升堂磕头，这是倨傲的表现。虽然违反了大家的做法，但是我还是主张要先在堂下磕头。"

子绝四：毋意①，毋必②，毋固③，毋我④。

题解

此章孔子提出了个人在认识、判断客观事物方面的四个原则。这是对自我的超越。"绝四"是孔子自制自知的表现，这涉及人的道德观念和价值观念。人只有做到不凭空猜测、不绝对肯定、不固执己见、不自以为是这四点才可以增加智慧，培养高尚的道德人格。

孔子没有凭空臆测、武断绝对、固执拘泥、自以为是这四种毛病。

注释

①意：通"臆"，主观地揣测。②必：绝对。③固：固执。④我：自以为是。

译文

孔子杜绝了四种毛病：不凭空臆测，不武断绝对，不固执拘泥，不自以为是。

子畏于匡①，曰："文王既没，文不在兹乎？天之将丧斯文也，后死者不得与于斯文也②；天之未丧斯文也，匡人其如予何③？"

题解

这章记载的是孔子在匡地因被误认为是阳虎而被围困的事，《史记·孔子世家》有载。孔子能临危而不惧，就在于他有坚定的信念。外出游说时被围困，这对孔子来讲已不是第一次，当然这次是误会。他强调使命感，认为自己是周文化的继承者和传播者。当孔子屡遭困厄时，他并不是感到人力的局限性，而把人的尊严等同于天，表明他强烈的自信。

注释

①子畏于匡：匡，地名，在今河南省长垣县西南。畏，受到威胁。公元前496年，孔子从卫国到陈国去经过匡地。匡人曾受到鲁国阳虎的掠夺和残杀。孔子的相貌与阳虎相像，匡人误以为孔子就是阳虎，所以将他围困。②与：参与。③如予何：奈我何，把我怎么样。

译文

孔子在匡地被拘围，他说："周文王死后，文明礼乐不是保存在我这里吗？上天如果要消灭这种文明礼乐，那我这个后死之人也就不会掌握这种文明礼乐；上天如果不想灭除这种文明礼乐，匡地的人能把我怎么样呢？"

太宰问于子贡曰①："夫子圣者与？何其多能也？"子贡曰："固天纵之将圣②，又多能也。"子闻之，曰："太宰知我乎！吾少也贱，故多能鄙事。君子多乎哉？不多也。"

题解

此章再一次表明当时孔子并不承认自己是天生的圣人。从太宰的惊叹中，我们可以看出孔子的多才多艺。作为孔子的学生，子贡认为自己的老师是天纵之才，是上天赋予他多才多艺的。但孔子否认了天赋其才这一说。他说自己年轻时低贱，要谋生，就要多掌握一些技艺，所以学会了不少鄙贱的技艺。这些自揭其短的话表明了孔子的诚实和伟大。生活虽然艰苦，但他不怨天，不尤人，而是通过不停地磨炼和勤奋学习使自己成为有用之才。

注释

①太宰：官名，辅佐君主治理国家的人。②纵：使，让。

译文

太宰向子贡问道：“夫子是圣人吗？为什么他这么多才多艺呢？”子贡说：“这本是上天想让他成为圣人，又让他多才多艺。”孔子听了这些话，说：“太宰知道我呀！我小时候贫贱，所以学会了不少的技艺。君子会有很多技艺吗？不会有很多的。”

孔子说自己小时候贫贱，所以学会了不少的技艺。

牢曰[①]：“子云：‘吾不试[②]，故艺。’”

题解

这一章同样用来说明孔子“我非生而知之”的自知之识。他不认为自己是圣人，也不承认自己是天才，而是认为自己的多才多艺是由于年轻时身份低下，没有做官，没有俸禄，生活比较清贫，为了谋生才掌握了许多的技艺。

注释

①牢：孔子的学生，姓琴，名牢。《史记·仲尼弟子列传》无此人，当是偶阙。②不试：不被国家任用。

译文

子牢说：“孔子说过：‘我不曾被国家任用，所以学得了一些技艺。’”

子曰：“吾有知乎哉？无知也。有鄙夫问于我，空空如也，我叩其两端而竭焉[①]。”

题解

此章也是孔子的自谦之辞。孔子本人是十分诚实和谦虚的。事实上任何人都不能对世间所有事情全知全能，因为人的精力毕竟是有限的。但孔子有一个分析问题、解决问题的基本方法，就是“叩其两端而竭”。只要抓住问题的两端，研究到底，就能求得问题的解决。这种方法体现了儒家的中庸思想，是一种十分有意义的思想方法。

注释

①叩其两端而竭焉：指孔子就农夫所问的问题，从首尾两头开始反过来叩问他，一步步问到穷竭处，问题就不解自明了。叩，叩问。两端，指鄙夫所问问题的首尾。竭，尽。

译文

孔子说：“我有知识吗？我没有知识。有一个边远地方的人来问我，我对他谈的问题本来一点儿也不知道。我从他所提问题的正反两端去探求，尽了我最大的力量来帮助他。”

子曰：“凤鸟不至①，河不出图②，吾已矣夫！”

题解

孔子为恢复礼制而辛苦奔波了一生，结果并未如愿，到了晚年，他看到周礼的恢复似乎已经成为泡影，于是发出了天下非其时的哀叹。凤鸟是祥瑞的象征，出现就表示天下太平。圣人受命，黄河就会有龙马背负八卦图画出现。而现在天下太平、政治清明无望，孔子由此发出了深沉悲戚的感叹。

孔子叹息自己一生将尽，而志愿却还没有实现。

注释

①凤鸟：传说中的一种神鸟。凤鸟出现就预示天下

太平。②河图：传说圣人受命，黄河就出现图画，即八卦图。《尚书·顾命》孔安国注：“河图，八卦。伏羲王天下，龙马出河，遂则其文以画八卦，谓之河图。”

译文

孔子说：“凤凰不飞来了，黄河中没有出现图画，我这一生也要结束了！”

子见齐衰者、冕衣裳者与瞽者①，见之，虽少，必作②；过之，必趋③。

题解

孔子对于周礼十分熟悉，时时处处以礼待人，他知道遇到什么人该行什么礼。对于家有丧事者，对盲者，对尊贵者，都是以礼相待。孔子之所以这样做，并身体力行，是因为他想恢复礼治的理想社会。

注释

①齐（zī）衰（cuī）：丧服，古时用麻布制成。衣：上衣。裳：下服。瞽（gǔ）：盲。②作：站起来，表示敬意。③趋：快步走，亦表示敬意。

译文

孔子对于穿丧服的人、穿礼服戴礼帽的人和盲人，相见的时候，哪怕他们很年轻，也一定会站起身来；经过这些人身边时，他一定快步走过。

颜渊喟然叹曰①：“仰之弥高②，钻之弥坚。瞻之在前，忽焉在后。夫子循循然善诱人③，博我以文，约我以礼，欲罢不能。既竭吾才，如有所立卓尔④。虽欲从之，末由也已⑤。”

题解

此章记叙了颜渊对孔子学问道德博大精深、仰高钻坚、虽尽力追赶却难以企及的赞叹。颜渊极力推崇自己的老师，认为孔子的学问与道德是无穷无尽的，学习得越是深入，越是让人欲罢不能。此外，他还总结了孔子对学生的教育方法，“循循善诱”则成为后世为人师者所遵循的原则之一。

注释

①喟（kuì）然：叹气的样子。②弥：更加，越发。③循循然：有步骤地。④卓尔：高高直立的样子。尔，相当于“然”。⑤末：无。

译文

颜渊感叹地说：“我的老师啊，他的学问道德，抬头仰望，越望越觉得高；努力钻研，越钻研越觉得深。看着好像在前面，忽然又像在后面了。老师善于有步骤地引导我们，用各种文献来丰富我们的知识，用礼来约束我们的行为，使我们想要停止学习都不可能。我已经用尽自己的才力，似乎有一个高高的东西立在我的前面。虽然我想要追随上去，却找不到可循的路径。”

子疾病，子路使门人为臣[①]。病间[②]，曰：“久矣哉，由之行诈也！无臣而为有臣。吾谁欺？欺天乎？且予与其死于臣之手也，无宁死于二三子之手乎？且予纵不得大葬[③]，予死于道路乎？”

题解

孔子病重，子路让孔子的学生充当家臣准备料理后事。

儒家对于葬礼十分重视，尤其重视葬礼的等级规定。对于死去的人，要严格地按照周礼的有关规定加以埋葬。不同等级的人有不同的安葬仪式，违反这种规定，就是大逆不道。孔子当时没有出仕，没有家臣，故反对学生们按大夫之礼为他办理丧事，是为了恪守周礼的规定。而子路为了尊荣孔子，欲以大夫之礼治其丧事，是因为孔子曾经做过鲁国的大司寇。孔子则愿意让弟子们为他治理丧事，既名正言顺，又因为师生感情更亲近。

注释

①为臣：臣，指家臣，总管。孔子当时不是大夫，没有家臣，但子路叫门人充当孔子的家臣，准备由此人负责总管安葬孔子之事。②病间（jiàn）：病情减轻。间，空隙，引申为有时间距离，再引申为疾病稍愈。③大葬：指大夫的隆重葬礼。

译文

孔子病重，子路让孔子的学生充当家臣准备料理丧事。后来，孔子的病好些了，知道了这事，说："仲由做这种欺诈的事情很久啦！我没有家臣而冒充有家臣。我欺骗谁呢？欺骗上天吗？况且我与其死在家臣手中，宁可死在你们这些学生手中啊！而且我纵使不能按照大夫的葬礼来安葬，难道会死在路上吗？"

子贡曰："有美玉于斯，韫椟而藏诸[①]？求善贾而沽诸[②]？"子曰："沽之哉！沽之哉！我待贾者也。"

题解

孔子一直主张好学、修身是为了有用于社会。本章表达了他的求仕心情。

子贡用美玉暗喻孔子，试探孔子的仕退心意。

"待贾而沽"说明了这样一个问题，孔子自称是"待贾者"，他一方面四处游说，以宣扬礼治天下为己任，期待着各国统治者能够行仁道于天下；另一方面他随时准备着自己能走上治国之位，依靠政权的力量去推行礼乐教化。

注释

①韫（yùn）椟（dú）：藏在柜子里。韫，藏。椟，木柜子。②贾（gǔ）：商人。贾又同"价"，价格。取后一义，善贾便成了"好价钱"。今取前解。沽（gū）：卖。

译文

子贡说："这儿有一块美玉，是把它放在匣子里珍藏起来呢，还是找位识货的商人卖掉呢？"孔子说："卖掉它吧！卖掉它吧！我在等待识货的商人啊！"

子欲居九夷[1]。或曰："陋，如之何？"子曰："君子居之，何陋之有？"

题解

孔子认为一个人有了良好的仁德修养，是不怕外部环境的艰苦的，强调了修养过程中人的主体作用。中国古代，中原地区的人把居住在东面的人们称为夷人，认为那里闭塞落后，当地人也愚昧不开化。孔子在回答某人的问题时说，只要有君子去这些地方居住，传播文化知识，改变其陋风旧俗，开化人们的心智，教以文明礼仪，那么这些地方就不会闭塞落后了。君子可以改善环境的固陋，但不会因为环境的恶劣而改变品德的高尚。

注释

①九夷：古代泛指东方少数民族。

译文

孔子想到九夷去居住。有人说："那地方非常鄙陋，怎么能居住呢？"孔子说："有君子住在那儿，怎么会鄙陋呢？"

子曰："吾自卫反鲁[1]，然后乐正，《雅》《颂》各得其所[2]。"

题解

孔子的话表明，他的确对《诗经》做了分类整理。《雅》《颂》是直接关系到祭祀等重要典礼的"庙堂诗"，使它们各自得到合适的位置，是承续了周公制作礼乐的事业。孔子晚年从卫国返回鲁国，结束了长达十四年的周游列国的生活。虽然寻找贤德的君主来实现仁政的理想落空了，但通过正乐还可以复兴传统文化，将周礼的精神弘扬下去。

孔子认为，外出便服侍公卿是忠的表现。

注释

①自卫反鲁：孔子从卫国返回鲁国是在鲁哀公十一年冬。反，同“返”。②《雅》《颂》：《诗经》中两类不同的诗的名称，同时也是两类不同的乐曲的名称。

译文

孔子说：“我从卫国回到鲁国，才把音乐进行了整理，《雅》和《颂》都有了适当的位置。”

子曰：“出则事公卿，入则事父兄，丧事不敢不勉，不为酒困，何有于我哉？”

题解

“出则事公卿”，是为国尽忠；“入则事父兄”，是为长辈尽孝。忠与孝是孔子特别强调的两个道德规范。它是对所有人的要求，而孔子本人就是这方面的身体力行者。在这里，孔子谦说自己还要勉力去做到这几点。

译文

孔子说：“出外便服侍公卿，入门便侍奉父兄，有丧事，不敢不勉力去办，不被酒所困扰，这些事我做到了哪些呢？”

子在川上曰：“逝者如斯夫！不舍昼夜。”

题解

这也是《论语》中的名言。孔子面对奔涌不息的大河，发出了时不我待的感慨。流水一去不复返，无论昼夜永不停息。观水而悟人生之道，尽管过去的已经过去，但应该时时刻刻保持自强不息、永不懈怠的精神。

译文

孔子站在河边，说："消逝的时光就像这河水一样呀，日夜不停地流去。"

子曰："吾未见好德如好色者也。"

题解

孔子的原意是说"好德"之难，任重而道远，难在自觉和有恒，而"好色"则是本能欲望、人之常情。这里并没有要借"好德"来"禁欲"的意思。据《史记·孔子世家》记载，孔子居住在卫国，卫灵公和夫人南子同乘一辆车，让孔子的车跟随在后面，一路招摇过市，孔子因而发出这般感叹。

译文

孔子说："我没有见过像好色那样好德的人。"

子曰："譬如为山，未成一篑[①]，止，吾止也。譬如平地，虽覆一篑，进，吾往也。"

题解

孔子以堆土成山为喻，告诫弟子学习贵在持之以恒，不能功亏一篑。

孔子在这里说的是，在治学、修身及做事上，要有一股锲而不舍的韧劲。他以堆土成山为喻，说明功亏一篑和持之以恒的深刻道理，鼓励自己和学生们无论在做人还是做事上，都应该坚持不懈，高度自觉。做任何事情都不能一时即毕其功，需要有坚毅的意志和不畏难的勇气，方能有所成。有志者事竟成，"进"和"止"都在于自己，道德的修养重在于自强不息，中道而止，则会前功尽弃。这对于立志有所作为的人来说，永远都是十分重要的箴言。

注释

①篑（kuì）：盛土的筐子。

译文

孔子说："好比堆土成山，只差一筐土就完成了，这时停下来，是我自己要停下来的。又好比平整土地，虽然只倒下一筐土，如果决心继续，还是要自己去干的。"

子曰："语之而不惰者[①]，其回也与[②]！"

题解

颜回对老师的教导句句皆能领会，所以从无懈怠的时候。孔门弟子三千，能够始终持之以恒，不松懈、不倦怠，自觉坚持道德修养的，只有颜回一人。孔子在赞叹颜回的同时，也是在惋叹天下能坚持不懈于道的人不多。

注释

①语（yù）：告诉。②与：同"欤"。

译文

孔子说："听我说话而能始终不懈怠的，大概只有颜回吧！"

子谓颜渊，曰："惜乎！吾见其进也，未见其止也。"

题解

这是孔子用死去的学生颜渊勤奋刻苦的精神，来激励其他学生好学上进。颜渊是一个十分执着、勤奋且刻苦的人，他在生活方面没有要求，心思全部用在学问的增长和道德修养的日新方面。孔子经常以颜渊为榜样提醒其他学生。但颜渊却不幸英年早逝。对于他的早逝，孔子自然十分惋惜和悲痛。

译文

孔子谈到颜渊，说："可惜啊！我看到他不断地前进，没有看到过他停止。"

子曰："苗而不秀者有矣夫[1]！秀而不实者有矣夫[2]！"

题解

此章是孔子借自然界的庄稼的生长、开花到结果这一过程中苗而不秀、秀而不实这一现象，比喻一个人建功立业之难。有的人很有根底，但不能坚持始终，最终没有成就。在这里，孔子还是希望他的学生能坚持勤奋学习，最终有所成就。

孔子用庄稼有苗而不秀、秀而不实的现象为喻，说明建功立业之难。

注释

①苗：庄稼出苗。②秀：吐穗开花。实：结果实。

译文

孔子说："有只长苗而不开花的吧！有开了花却不结果实的吧！"

子曰："后生可畏，焉知来者之不如今也？四十、五十而无闻焉，斯亦不足畏也已。"

题解

这是孔子勉励年轻人的名言。他从正反两个方面来提醒年轻人珍惜时光，努力进取。年轻人的优势在于年轻，来日方长，大有可为。但可惧的是很快会变老，一个人到了四五十岁，他的学问事业倘若还没有任何成就，那他就没有什么可让人敬畏的了。

孔子四十而不惑，五十而知天命，对生活、人生是有深刻体悟和洞见的。社会在发展，人类在进步，孔子这种今胜于昔的思想是正确的。

译文

孔子说："年轻人是可敬畏的，怎么知道他们将来赶不上现在的人呢？一个人如果到了四五十岁的时候还没有什么名望，这样的人就不值得敬畏了。"

子曰："法语之言[①]，能无从乎？改之为贵。巽与之言[②]，能无说乎？绎之为贵[③]。说而不绎，从而不改，吾末如之何也已矣。"

题解

孔子在这里告诫人们，对待正言规劝要能听得进去，并照着去改正错误；对于恭维表扬的话要去分析其意是真是伪，然后能自省自勉，这才是正确的态度。这里讲的第一层是言行一致的问题。听从那些正确的话只是第一步，而真正需要做的是依照正确的意见去改正自己的错误。第二层讲的是忠言逆耳，而顺耳之言也要仔细辨别其是非真伪。孔子所讲的这两点在今天还有极大的借鉴意义。

注释

①法：正道。②巽（xùn）：恭敬，即恭顺谦敬之言，意译为温和委婉的表扬话。③绎：抽出事物的条理，加以分析鉴别。

译文

孔子说："合乎礼法原则的话，能够不听从吗？但只有按它来改正错误才是可贵的。恭顺赞许的话，听了能够不高兴吗？但只有分析鉴别以后才是可贵的。只顾高兴而不加以分析，表面听从而不加以改正，我也没有什么办法来对付这种人了。"

子曰："主忠信，毋友不如己者，过则勿惮改。"

题解

此章与《学而》篇第八章重复，故译文略。

子曰："三军可夺帅也[①]，匹夫不可夺志也[②]。"

题解

这是孔子流传千古的说明个人的独立人格可贵的名言。意思是说，一个人的理想、志向和意志是极为可贵的，人格的崇高和意志的坚强都是做人的最高尊严，不容侵犯。我们说的"理想"，在孔子时代称为"志"，就是人的志向、志气。"匹夫不可夺志"，反映出孔子对于"志"的高度重视，甚至将它与三军之帅相比。对于一个人来讲，他应该有自己的志向和独立人格，应维护自己的尊严，不为任何威胁利诱所动，始终坚持自己的"志向"。孔子的这种思想影响了中国人"人格"观念的形成。

注释

①三军：古代大国三军，每军一万二千五百人。②匹夫：男子汉，泛指普通老百姓。

译文

孔子说："一国的军队，可以强行使它丧失主帅；一个男子汉，却不可能强行夺去他的志向。"

子曰："衣敝缊袍[①]，与衣狐貉者立[②]，而不耻者，其由也与？'不忮不求，何用不臧[③]？'"子路终身诵之。子曰："是道也，何足以臧？"

题解

这一章记述了孔子对他的弟子子路既表扬又提醒的教诲。孔子教育学生总是针对个人不同禀赋和个性而有的放矢。他对子路的优点进行表扬，但见子路一听到表扬就喜上眉梢、得意扬扬，一直吟诵着这句诗，就说："仅仅做到这个样子，又怎能算是好呢？"希望子路不要满足于目前已经取得的成绩，因为仅是不贪求、不忌妒是不够的，还应该有更高更远的志向，才能成就一番大的德业。

注释

①衣（yì）：穿，做动词用。敝：破旧。缊（yùn）袍：用乱麻衬在里面的袍子。②狐貉：用狐和貉的皮做的裘皮衣服。③不忮不求，何用不臧：见《诗经·邶风·雄雉》。忮（zhì），忌妒。臧，善，好。

译文

孔子说："穿着破旧的袍子，与穿着狐貉裘皮衣服的人站在一起，而不觉得羞耻的，大概只有仲由吧！《诗经》上说：'不忌妒，不贪求，为什么不好呢？'"子路听了，从此常常念着这句话。孔子又说："仅仅做到这个样子，又怎么算得上好呢？"

孔子称赞子路：即便穿着破旧的袍子与穿着锦衣华服的人在一起，也不觉得自己相形见绌。

子曰："岁寒，然后知松柏之后凋也①。"

题解

这也是《论语》中的一句著名格言。孔子通过自然界岁寒时节万物先凋而松柏之叶犹青的现象，揭示了人世间的哲理。

孔子认为，人是要有精神的，作为有远大志向的君子，就应该像松柏那样，在冰雪严寒的恶劣环境中保持长青，真正显示出崇高的品格和坚韧的精神来。

注释

①凋：凋零。

译文

孔子说："寒冷的季节到了，才知道松柏的叶子是最后凋零的。"

子曰："知者不惑，仁者不忧，勇者不惧。"

题解

在儒家传统道德中，智、仁、勇是三个重要的范畴，也是仁之精神境界的不同体现，是君子的基本品质。

《礼记·中庸》说："知、仁、勇三者，天下之达德也。"有智慧的人能将事理看得明白透彻，所以不会迷惑。仁者存公心，去私欲，乐天知命，不患得患失，所以不忧虑。有勇气的人不畏惧困难，见义勇为，所以不惧。

孔子希望自己的学生能具备这三种德，成为有精神境界的真正的君子。

译文

孔子说："聪明的人不疑惑，仁德的人不忧愁，勇敢的人不畏惧。"

孔子认为，君子应该是勇敢而不畏惧的人。

子曰："可与共学，未可与适道；可与适道，未可与立①；可与立，未可与权②。"

题解

孔子的这段话表明，人的能力是不平衡的，志趣爱好也是千差万别，因此交友一定要慎重和多方察考。要寻求志同道合的人共同发展，在与人交往中能够变通、立志于道的人应该坚持自新。

注释

①立：立于道而不变，即坚守道。②权：本义为秤锤，引申为权衡轻重，随机应变。

孔子认为，人的能力是不平衡的，人际交往中应注意做到通权达变。

译文

孔子说："可以和自己一同学习的人，未必可以和自己走共同的道路；可以和自己走共同的道路，未必可以和自己事事依礼而行；可以和自己事事依礼而行，未必可以和自己一起变通灵活处事。"

“唐棣之华，偏其反而。岂不尔思？室是远而[1]。”子曰：“未之思也，夫何远之有？”

题解

这里记录的是孔子对古代流传的几句逸诗的评论。其中寄寓了对“仁”执着追求的信念，也就是“我欲仁，斯仁至矣”。

注释

①“唐棣”四句：这是逸诗。前两句用以起兴。唐棣，木名。华，同“花”。偏其反而，翩翩地摇摆。反，翻转摇摆。

译文

“唐棣树的花，翩翩地摇摆，难道不思念你吗？是因为家住得太远了。”对于这四句古诗，孔子说：“那是没有真正思念啊，如果真的思念，又怎么会觉得遥远呢？”

孔子观唐棣之花而兴叹：那不是真正的思念啊，如果真的思念，又怎么会觉得遥远呢？

乡党篇第十

孔子于乡党[1]，恂恂如也[2]，似不能言者。其在宗庙朝廷，便便言[3]，唯谨尔。

题解

《乡党》篇是弟子们对老师孔子日常言行的记录。此章记载了孔子在不同场合的不同言谈举止，孔子因时因地制宜，但都能有礼而得体。

孔子在家乡时非常恭顺，好像不太会说话的样子。

注释

①乡党：古代地方组织的名称。五百家为一党，一万二千五百家为一乡。②恂（xún）恂：恭顺貌。如：相当于“然”。③便（pián）便：明白畅达。

译文

孔子在本乡的地方上非常恭顺，好像不太会说话的样子。但他在宗庙和朝廷里，说话明白而流畅，只是说得很谨慎。

朝，与下大夫言，侃侃如也[1]；与上大夫言，訚訚如也[2]。君在，踧踖如也[3]，与与如也[4]。

题解

这章描述了孔子在乡党、宗庙、朝廷等不同的场所与不同的人谈话时所表现出的不同的神态。和乡里邻居相处时温和恭敬，而在重要的国事场所则庄严、郑重，对不同的人都能尊重而又恰到好处。

注释

①侃侃：温和快乐。②訚（yín）訚：形容辩论时中正，讲理而态度诚恳。③踧（cù）踖（jí）：恭敬而小心的样子。④与与：行步安详。

译文

上朝的时候，跟下大夫谈话，显得温和而快乐；跟上大夫谈话时，显得正直而恭敬。君主临朝时，他显得恭敬而不安，走起路来却又安详适度。

入公门，鞠躬如也①，如不容。立不中门②，行不履阈③。过位，色勃如也，足躩如也，其言似不足者。摄齐升堂④，鞠躬如也，屏气似不息者⑤。出，降一等，逞颜色，怡怡如也，没阶，趋进，翼如也。复其位，踧踖如也。

题解

此章内容继续描述孔子在朝廷上的言行举止，都是严守礼制，充满了庄重敬畏的情感态度。

注释

①鞠躬：此不做曲身讲，而是形容谨慎恭敬的样子。②中门：中于门，表示在门的中间。“中”用作动词。③阈（yù）：门限，即门槛。④摄齐：提起衣裳的下摆。齐，衣裳的下摆。⑤屏（bǐng）气：憋住气。

译文

孔子走进朝廷的大门，显得小心谨慎，好像没有容身之地。他不站在门的中间，进门时不踩门槛。经过国君的座位时，脸色变得庄重起来，脚步也快起来，说话的声音低微得像气力不足似的。他提起衣服的下摆走上堂去，显得小心谨慎，憋住气，好像不呼吸一样。走出来，下了一级台阶，面色舒展，怡然和乐。走完了台阶，快步向前，姿态好像鸟儿展翅一样。回到自己的位置，显得恭敬而不安的样子。

执圭[①]，鞠躬如也，如不胜。上如揖，下如授。勃如战色，足蹜蹜[②]，如有循。享礼[③]，有容色。私觌[④]，愉愉如也。

题解

这一章记载了孔子在朝堂上的仪态举止，表现出他对自己职位的敬畏和尊重之情。

孔子出使邻国参加典礼时，举着圭，非常小心谨慎，好像举不起来的样子。

以上五章，集中记述了孔子在朝、在外事场所和在乡的言谈举止、音容笑貌，给人留下十分生动而深刻的印象。孔子在不同的场合，对待不同的人，容貌、神态、言行都有所不同，但是有一点是相同的，就是他一贯的庄重和敬畏之情。在家乡时，他谦逊、和蔼；在朝廷上，则态度庄敬而有威仪，不卑不亢，光明正大；在国君面前，温和恭顺，庄重严肃又诚惶诚恐。这些都为人们深入研究孔子提供了生动的第一手资料。

注释

①圭（guī）：一种玉器，上圆下方。举行典礼时，君臣都拿着。②蹜（sù）蹜：脚步细碎紧凑，宛如迈不开步一样。③享礼：使者向所访问的国家献礼物的礼节。④觌（dí）：会见。

译文

（孔子出使到别的诸侯国，行聘问礼时）拿着圭，恭敬而谨慎，好像拿不动一般。向上举圭时好像在作揖，向下放圭时好像在交给他人。神色庄重，战战兢兢；脚步紧凑，好像在沿着一条线行走。献礼物的时候，和颜悦色。私下里和外国君臣会见时，则显得轻松愉快。

齐，必有明衣①，布。齐必变食②，居必迁坐③。

题解

此章记述了孔子斋戒前沐浴时的衣着和斋戒期间的生活，这些细节都表明了孔子严谨、守礼、诚挚的生活态度。

孔子对饮食要求：粮食不嫌舂得精，鱼肉不嫌切得细。

注释

①齐（zhāi）：通“斋”，斋戒。明衣：斋戒沐浴后换穿的干净内衣。②变食：改变日常饮食，不饮酒，不吃韭、葱、蒜等气味浓厚的蔬菜，不吃鱼肉。③迁坐：改变卧室。古人在斋戒以及生病时，住在“外寝”，而平常居住的卧室则叫“燕寝”，与妻室在一起。

译文

斋戒沐浴时，一定有用麻布做的浴衣。斋戒时，一定改变平时的饮食；居住一定要改换卧室。

食不厌精，脍不厌细①。食饐而餲②，鱼馁而肉败③，不食。色恶，不食。臭恶④，不食。失饪⑤，不食。不时，不食。割不正，不食。不得其酱，不食。肉虽多，不使胜食气⑥。唯酒无量，不及乱。沽酒市脯⑦，不食。不撤姜食，不多食。

题解

此章孔子谈了他对饮食的思想。食物腐败则不食；食物颜色不对不食；不到就餐的时候不食；酒不限量，但以不醉为度。处处遵守礼制，这些都是孔子注重养生的具体表现，表现了对人生的热爱，对健康的珍视，对礼制的看重。

注释

①脍（kuài）：切过的鱼或肉。②饐（yì）：食物经久发臭。餲（ài）：食物经久变味。③馁（něi）：鱼腐烂。败：肉腐烂。④臭：气味。⑤饪（rèn）：煮熟。⑥食气（xì）：饭料，即主食。气，同“饩”。⑦脯（fǔ）：肉干。

译文

粮食不嫌舂得精，鱼和肉不嫌切得细。粮食腐败发臭，鱼和肉腐烂，都不吃。食物颜色难看，不吃。气味难闻，不吃。烹调不当，不吃。不到该吃饭时，不吃。切割方式不得当的食物，不吃。没有一定的酱醋调料，不吃。席上的肉虽多，吃它不超过主食。只有酒不限量，但不能喝到神志昏乱的地步。从市上买来的酒和肉干，不吃。吃完了，姜不撤除，但吃得不多。

食不语，寝不言。

题解

孔子有一套正确的保健原则，而且能持之以恒。他非常热爱生命，在经历了颠沛流离的生活之后能活到七十三岁高龄，说明他的养生之道是相当高明的。

译文

吃饭的时候不说话，睡觉的时候不言语。

席不正①，不坐。

题解

此章记述了孔子的就座之礼。

注释

①席：古代没有椅子和凳子，在地上铺席子，坐在席子上。

译文

座席摆放得不端正，不就座。

乡人饮酒，杖者出，斯出矣。

题解

此章说明孔子在日常生活中都保持正大的气象，恪守礼仪。

译文

同本乡人在一块儿饮酒，等老年人都出去了，自己才出去。

乡人傩①，朝服而立于阼阶②。

题解

这章记述孔子在傩祭时的活动。傩祭时，孔子必定穿着朝服恭立在阶，保持敬畏的态度。

注释

①傩（nuó）：古代一种迎神以驱逐疫鬼的风俗。②阼（zuò）阶：东边的台阶，主人站在那里迎送宾客。

译文

乡里人举行迎神驱疫的仪式时，孔子穿着朝服站在东边的台阶上。

问人于他邦，再拜而送之。

题解

此章表明孔子在与其他诸侯国人士交往时十分注重礼节。

以上几章中，记载了孔子在各种不同场所的举止言谈和表现出来的礼节、习惯。他时时处处以仁德君子的标准要求自己，坚持一切言行符合礼的规定。他的举手投足间都保持了恭敬的态度和正大的气象。这既是孔子个人修养的具体体现，也通过自己的“身教”向弟子们诠释了“礼”的真正意蕴。

译文

托人向住在其他诸侯国的朋友问候时，向受托者拜两次送行。

康子馈药[1]，拜而受之，曰："丘未达[2]，不敢尝。"

题解

此章说明孔子对服药之事十分慎重。

注释

①康子：即季康子，姓季孙，名肥，鲁哀公时的正卿。
②达：通，懂得，了解。

译文

季康子赠药给孔子，孔子拜谢后接受了，却说道："我对这种药的药性不了解，不敢尝用试服。"

季康子赠药给孔子，孔子接受了，但说自己对该药的药性不了解，不敢尝用。

厩焚。子退朝，曰："伤人乎？"不问马。

题解

这是一个著名的故事，反映了孔子重人轻物的仁爱精神。孔子家里的马棚失火被烧了。当他听到这个消息后，只问人有没有受伤，没有问马的情况。孔子只问人，不问马，表明他重人不重财。这正像后世有人说的，儒家学说是"人学"。

译文

马厩失火了。孔子退朝回来，说："伤到人了吗？"没问马怎么样了。

君赐食，必正席先尝之。君赐腥，必熟而荐之[1]。君赐生，必畜之。侍食于君，君祭，先饭[2]。

题解

孔子严守礼制，当时君主吃饭前，需要有人先尝一尝，君主才吃。孔子在与国君共餐时，都要主动先尝一下，他对礼的遵从真是一丝不苟。

注释

①荐：供奉。②先饭：先吃饭，表示为君主尝食。

译文

国君赐给食物，孔子一定会摆正席位先尝一尝。国君赐给生肉，他一定会煮熟了，先给祖先上供。国君赐给活物，他一定会养起来。陪侍国君吃饭，当国君进行饭前祭祀的时候，他先取国君面前的饭菜为他尝食。

疾，君视之，东首[①]，加朝服，拖绅[②]。

题解

此章表明孔子即使患了疾病，在病榻上也不会失礼。

注释

①东首（shǒu）：头向东。②绅：束在腰间的大带。

译文

孔子病了，君主来探望，他便头朝东而卧，把上朝的礼服盖在身上，拖着大带子。

君命召，不俟驾行矣。

题解

孔子日常的一言一行，都表现出对礼制的遵守和敬畏。本章体现了孔子浓厚的忠君思想。

译文

君主下令召见孔子，他不等车马驾好就先步行过去了。

朋友死，无所归，曰："于我殡[1]。"

题解

此章记述了孔子对亡友的情谊和见义勇为的人道主义精神。

注释

①殡：停放灵柩和埋葬都可以叫殡。这里泛指一切丧葬事务。

译文

朋友死了，没有人负责收殓，孔子说："由我来料理丧事吧。"

朋友之馈，虽车马，非祭肉，不拜。

题解

此章表明孔子重视的不是物品的本身，而是其礼制的象征意义。礼制是人的秩序，而物是为人服务的。孔子把祭肉看得比车马还重要，这是为什么呢？因为祭肉关系到"礼"的问题。用肉祭祀祖先之后，这块肉就成了完成礼制的一个载体，成为"礼"的象征。

译文

朋友的馈赠，即使是车和马，不是祭祀用的肉，孔子在接受时，也不会行拜谢礼。

寝不尸，居不容。

题解

孔子是一个通达的人，在独居之时很自然地放松休息，与他外出或待客之时的恪守礼仪、恭谨持重并不一样。

译文

孔子睡觉时不像死尸一样直躺着，在家里并不讲究仪容。

见齐衰者，虽狎，必变。见冕者与瞽者，虽亵，必以貌。凶服者，式之①。式负版者②。有盛馔，必变色而作③。迅雷风烈，必变。

题解

此章记述的事例说明，孔子是一个心思敏锐、富有同情心、尊重他人、很懂礼貌而且敬畏天命的人。

注释

①式：通“轼”，古代车前横木。用作动词，表示伏轼。②版：古代用木板刻写的国家图籍。③作：站起来。

译文

孔子看见穿丧服的人，即使是关系亲密的，也一定会改变态度。看见戴着礼帽和瞎了眼睛的人，即使是很熟悉的，也一定表现得有礼貌。乘车时遇见穿丧服的人，便低头俯伏在车前的横木上表示同情。遇见背负着国家图籍的人，也同样俯身在车前的横木上表示敬意。有丰盛的肴馔，一定改变神色，站起来。遇到迅雷和大风时，一定改变神色。

升车，必正立执绥①。车中，不内顾，不疾言，不亲指。

题解

本章记述孔子在乘车时也遵循礼仪。

以上几章，讲的都是孔子如何遵从礼仪的细节体现。在日常一切活动中，他都按礼行事，对不同的人、不同的事，他都自然而然地表露出应有的言行和神情。他对一切礼仪都一丝不苟，而这一切都出自他内心的真诚。

注释

①绥：上车时用于扶手的索带。

译文

孔子上车时，一定站立端正，拉住扶手的带子登车。在车中，不向里面回顾，不快速说话，不用手指指画画。

先进篇第十一

子曰："先进于礼乐，野人也①；后进于礼乐，君子也②。如用之，则吾从先进。"

题解

在这一章，孔子主张用人要唯贤是举，其标准是贤，而不看他的出身。

注释

①野人：乡野平民或朴野粗鲁的人。②君子：指卿大夫等当权的贵族。他们享有世袭特权，可以先做官，后学习。

孔子嘉许先学习礼乐而后做官的人。

译文

孔子说："先学习了礼乐而后做官的，是原来没有爵禄的平民，先做了官而后学习礼乐的，是卿大夫的子弟。如果让我来选用人才，那么我赞成选用先学习礼乐的人。"

子曰："从我于陈、蔡者①，皆不及门也②。"

题解

颜回、子贡和子路等都是孔子的得意门生，他们曾跟随孔子周游列国，受困于陈蔡，以致绝粮。孔子追思往昔之艰难，情不自胜，而此时这些弟子都不在身边，孔子于是发出了深深的叹息。这里流露出孔子和弟子们的深厚感情。

注释

①陈、蔡：春秋时的国名。孔子曾在陈、蔡之间遭受困厄。②不及门：有两种解

释：一指不及仕进之门，即不当官；二指不在门，即不在孔子身边。今从后说。

译文

孔子说："跟随我在陈国、蔡国之间遭受困厄的弟子们，现在都不在我身边了。"

德行：颜渊、闵子骞、冉伯牛、仲弓。言语：宰我、子贡。政事：冉有、季路。文学[1]：子游、子夏。

题解

孔子对自己弟子们的才能、特点了如指掌，并能因材施教。他在这段话中从德行、言语、政事、文学四个方面分别说明了十个学生的特长。

注释

①文学：文献知识，即文学、历史、哲学等方面的文献知识。这里文学的含义与今相异。

孔子从德行、言语、政事、文学四个方面品评学生的专长。

译文

（孔子的弟子各有所长。）德行好的有颜渊、闵子骞、冉伯牛、仲弓。娴于辞令的有宰我、子贡。能办理政事的有冉有、季路。熟悉古代文献的有：子游、子夏。

子曰："回也非助我者也，于吾言无所不说。"

题解

此章孔子对颜回能又快又深领悟自己的学说表示了深深的赞许，但也有一定的遗憾。颜回聪敏秀慧，对孔子的教诲一听就能领会，故只喜悦于心，而无所疑问。既然没有疑问，孔子便不再发挥，而在座的其他弟子不能有所获益，故孔子有一定的遗憾，但又对颜回的好学深思表示赞许。

译文

孔子说："颜回不是对我有所助益的人，他对我说的话没有不喜欢的。"

子曰："孝哉闵子骞！人不间于其父母昆弟之言[①]。"

题解

此章孔子称赞闵子骞，说明了孝道具有巨大的感召力，能够鼓舞人，从感情上深入人心。闵子骞的后母偏爱自己生的两个儿子，冬天给他们穿厚暖的棉衣，但给闵子骞穿以芦花为内塞的冬衣来冒充棉衣。后来他的父亲察觉，想要逐出后母，闵子骞却向父亲求情说："母在一子单，母去三子寒。"他这一番话感动了父亲，也使后母感动变成了慈母，他的两个异母弟弟也因受感动而对他友爱。由于闵子骞的孝行，他人对于闵子骞的父母兄弟称赞闵子骞的话也没有异议。

注释

①间（jiàn）：空隙。用作动词，表示找空子。不间，找不到空子。

译文

孔子说："闵子骞真是孝顺呀！人们对于他的父母兄弟称赞他的话没有异议。"

南容三复"白圭"[①]，孔子以其兄之子妻之。

题解

从这件孔子嫁侄女的事可以看出，孔子喜欢那些做事踏实、说话慎重的人。南容反复诵读"白圭"诗篇，是有感于白色圭玉上的污点尚能磨掉，而人的言语一经出口就难以挽回。足见他注重言语谨慎，亦必能谨慎行事，求其无缺，孔子很欣赏这样的人。

注释

①三复"白圭"：多次吟诵"白圭"之诗。《诗经·大雅·抑》有诗句："白圭

之玷，尚可磨也；斯言之玷，不可为也。”意思是白玉上面的污点还可以把它磨掉，但因说话不谨慎而出错，却是无法挽回的。南容三复“白圭”，目的是告诫自己说话要谨慎。`

译文

南容把“白圭之玷，尚可磨也；斯言之玷，不可为也”几句诗反复诵读，孔子便把自己哥哥的女儿嫁给了他。

季康子问：“弟子孰为好学？”孔子对曰：“有颜回者好学，不幸短命死矣，今也则亡。”

题解

鲁哀公也问过同样的问题，那次孔子的回答更为详细具体。见《雍也篇》第三章。

译文

季康子问：“你的学生中哪个好学用功呢？”孔子回答说：“有个叫颜回的学生好学用功，不幸短命早逝了，现在没有这样的人了。”

季康子问孔子弟子中谁最好学。

颜渊死，颜路请子之车以为之椁[①]。子曰：“才不才，亦各言其子也。鲤也死[②]，有棺而无椁。吾不徒行以为之椁[③]。以吾从大夫之后[④]，不可徒行也。”

题解

这一章反映了孔子对礼的一丝不苟的严肃态度。礼先于情，凡事要与礼合才可以与情合。孔子与颜渊虽为师生却情同父子，他不同意把自己车子卖掉来为颜渊买外棺，不是舍不得车，而是因为礼制规定，大夫出门必须用车，而且礼以俭为宜。故孔子虽然对颜渊之早逝很悲恸，却始终不忘礼，不肯丧失原则性。

注释

①颜路：颜渊的父亲，也是孔子的学生，名无繇（yóu），字路。椁（guǒ）：古代棺材有的有两层，内层叫棺，外层叫椁。②鲤：孔鲤，字伯鱼，孔子的儿子。③徒行：步行。④从大夫之后：跟随在大夫行列之后。孔子曾经做过鲁国的大司寇，属于大夫的地位，不过此时已去位多年。

译文

颜渊死了，他的父亲颜路请求孔子把车卖了给颜渊做一个外椁。孔子说："不管有才能还是没才能，说来也都是各自的儿子。孔鲤死了，也只有棺，没有椁。我不能卖掉车子步行来给他置办椁。因为我曾经做过大夫，是不可以徒步出行的。"

颜渊死，子曰："噫！天丧予！天丧予！"

题解

孔子的感情比常人更为诚挚，此章抒发了孔子对自己得意门生颜渊的挚爱和痛惜之情。颜渊是孔子最得意的弟子，他最能领会孔子之道，并能身体力行。孔子在心中将他视为道统的继承人，没想到颜回却早他而去，道统无人继承，天下苍生将如之何？孔子因此痛彻心扉，发出如此之叹息：天亡我！天亡我！

译文

颜渊死了，孔子说："唉！上天是要我的命呀！上天是要我的命呀！"

颜回去世了，孔子悲恸道：唉，上天是要我的命啊！上天是要我的命啊。

颜渊死，子哭之恸[1]。从者曰："子恸矣！"曰："有恸乎？非夫人之为恸而谁为[2]？"

题解

此章描写孔子对颜渊之死的沉痛哀悼，虽然悲痛伤身，但孔子已经置之不顾了。师生之情，可见一斑。

注释

①恸（tòng）：极度悲哀。②夫（fú）：指示代词，此处指颜渊。

译文

颜渊死了，孔子哭得极其悲痛。跟随孔子的人说："您悲痛太过了！"孔子说："悲痛太过了吗？不为这样的人悲痛还为谁悲痛呢？"

颜渊死，门人欲厚葬之。子曰："不可。"门人厚葬之。子曰："回也视予犹父也，予不得视犹子也。非我也，夫二三子也。"

题解

本章记述在厚葬颜渊的问题上，孔子认为丧葬以哀悼心诚为本，颜渊家贫，丧葬应该量力而行，厚葬违背了礼的节俭之意。颜渊生前清贫朴素，一直循礼而行，死后厚葬，亦违背其本心。孔子一直主张以礼办事，把个人情感与社会礼制分得很清楚。他反对任何越礼的行为，坚决维护礼制。

译文

颜渊死了，孔子的学生们想要厚葬他。孔子说："不可以。"学生们还是厚葬了他。孔子说："颜回把我当父亲一样看待，我却不能像对待儿子一样看待他。这不是我的意思呀，是那些学生要这样办。"

季路问事鬼神。子曰："未能事人，焉能事鬼？"曰："敢问死[1]。"曰："未知生，焉知死？"

题解

这是孔子的一段极为著名的言论，显示了孔子重视现实人生，注重“有益”“有用”的理性的、实用的生活态度。

注释

①敢：冒昧之词，用于表敬。

译文

季路问服侍鬼神的方法。孔子说：“人尚且不能服侍，怎么能去服侍鬼神呢？”季路又说：“敢问死是怎么回事。”孔子说：“对生都知道得不清楚，哪里能知道死呢？”

闵子侍侧，訚訚如也；子路，行行如也[1]；冉有、子贡，侃侃如也。子乐。“若由也，不得其死然[2]。”

题解

此章表述的是孔门四大高足侍于孔子侧所表现出的不同情态，以及孔子对子路的评价。孔子一生致力于教育事业，弟子众多，这些著名的学生各自有着不同的经历、个性和特质，孔子讲学之余，环顾侍立在身边的学生，心中的快乐满溢。子路刚强勇敢，后来果然在卫国的内乱中被杀害，孔子深深哀痛之。

闵子骞、子路、冉有、子贡侍于孔子侧。

注释

①行（hàng）行：刚强貌。②然：用法如“焉”，可以译为“呢”。

译文

闵子骞侍立在孔子身边，样子正直而恭敬；子路是很刚强的样子；冉有、子贡的样子温和快乐。孔子很高兴。但他说："像仲由这样，恐怕得不到善终。"

鲁人为长府[①]。闵子骞曰："仍旧贯[②]，如之何？何必改作？"子曰："夫人不言，言必有中。"

题解

长府为鲁国财货兵械的聚藏之所，在鲁国国君宫内。统治者好大喜功，想要扩建长府以逞其欲。闵子骞认为扩建国库不但劳民伤财，而且可能带来动乱，故言仍旧按照旧例，不必改作，意在讽刺鲁国统治者的铺张行为。闵子骞在孔门中以德行著称，孔子称赞他平时不大说话，但一说话就能说到点子上。

闵子骞论整修长府，认为一仍其旧比较好。

注释

①鲁人：指鲁国的执政大臣。长府：鲁国储藏财货的国库名。②仍：沿袭。贯：事。

译文

鲁国的执政大臣要翻修长府。闵子骞说："照老样子不好吗？何必一定要翻修呢？"孔子说："闵子骞这个人平常不大说话，但一开口必定说到要害上。"

子曰："由之瑟[①]，奚为于丘之门？"门人不敬子路。子曰："由也升堂矣，未入于室也[②]。"

题解

孔门弟子因孔子批评子路在孔子的处所弹瑟而不敬重子路。

本章又一次记载了孔子对子路的评价，孔子对子路总是耐心地鼓励加提醒。子路的性情刚勇，故他鼓瑟的声音中有杀伐之声，欠缺和平的意味。所以孔子说："由在我门中，如何弹出这样的音调。"本意是担心子路性刚而不得寿终，故加以抑制。门人不理解孔子语意，因此不敬子路，孔子再用比喻解释，子路的修养造诣已经升堂，但尚未入室而已。"升堂入室"现已成为成语。

注释

①瑟：古代的一种弦乐器。子路性情刚勇，他弹瑟的音调也很刚猛，不够平和。故孔子批评他说：为什么在我这里弹呢？②升堂、入室：堂是正厅，室是内室。先入门，次升堂，最后入室，比喻学问的程度。

译文

孔子说："仲由弹瑟，为什么在我这里弹呢？"孔子的其他学生因此而不尊重子路。孔子说："仲由的学问啊，已经具备规模了，只是还不够精深罢了。"

> 子贡问："师与商也孰贤？"子曰："师也过，商也不及。"曰："然则师愈与？"子曰："过犹不及。"

题解

"过犹不及"体现了儒家思想的一个重要原则，就是"中庸之道"。宋代著名的理学家朱熹注解说，子张才高意广，而好为苛难，故常过于中。子夏笃信谨守而规模狭隘，故常不及。过和不及，都是差之毫厘，谬以千里。孔子教育学生要行中庸之道，认为过度与不足都不好。

译文

子贡问道："颛孙师（子张）与卜商（子夏）谁更优秀？"孔子说："颛孙师有些过分，卜商有些赶不上。"子贡说："这么说颛孙师更强一些吗？"孔子说："过分与赶不上都不好。"

季氏富于周公①，而求也为之聚敛而附益之②。子曰："非吾徒也，小子鸣鼓而攻之可也。"

题解

本章记述了孔子批评冉求的话，说明即便他是自己的得意门生，但只要其有违礼的行为，也毫不姑息。季氏是鲁国三家权臣中权力最大的一家，拥有最多的土地，财富比周天子左右的卿士还要多，但他并不满足，仍然要对百姓增加田赋。孔子的弟子冉求作为季氏的家宰，不但不加劝止，反而为之增加财富。孔子对他的失望溢于言表。

注释

①周公：泛指周天子左右的卿士。一说为周公旦。②聚敛：积聚和收集钱财，即搜刮。

译文

季氏比周天子左右的卿士还富有，可是冉求还为他搜刮，增加他的财富。孔子说："冉求不是我的学生，你们大家可以大张旗鼓地去攻击他。"

柴也愚①，参也鲁②，师也辟③，由也喭④。

题解

此章是孔子对高柴、曾参、子张、子路四位学生的评价，侧重于人天生的气质和个性。高柴愚笨，曾参迟钝，颛孙师偏激，仲由鲁莽，原本也是日常生活中有缺点的平凡人，但他们在孔门受教后，却都各有一番长进。

孔子认为，他的这些学生各有所偏，不合中行，对他们的品质和德行必须加以纠正。这一章同样表达了孔子的中庸思想。

注释

①柴：高柴，字子羔，孔子的学生。②鲁：迟钝。③辟（pì）：通“僻”，偏激。④喭（yàn）：鲁莽，刚烈。

译文

高柴愚笨，曾参迟钝，颛孙师偏激，仲由鲁莽。

> 子曰：“回也其庶乎①，屡空②。赐不受命，而货殖焉③，亿则屡中④。”

题解

孔子对颜回的评价一直很高，认为他安贫乐道，求仁而得仁；而子贡不接受公家之命去经营货殖，凭借聪明才智致富也不错。孔子并不反对经商致富，只是更加注重人的仁德修养。

注释

①庶：庶几，差不多。②屡空：盛食物的器皿常常空虚，即贫困。③货殖：经营商业。④亿：通“臆”，猜测，料事。

译文

孔子说：“颜回呀，他的道德修养已经差不多了，可是他常常很贫困。端木赐不听天由命，而去做生意，猜测市场行情往往很准。”

> 子张问善人之道。子曰：“不践迹①，亦不入于室②。”

题解

孔子的学问和道德修养，是在继承优良传统的基础上取得的，他深信要跟着圣人的脚步走，方能升堂入室，强调将圣贤之道落实在日常生活中。

注释

①践迹：踩着前人的脚印走，即沿着老路走。②入于室：比喻学问和修养达到了精深地步。

译文

子张问成为善人的途径，孔子说：“不踩着前人的脚印，做学问也到不了家。”

子曰：“论笃是与①，君子者乎？色庄者乎？”

题解

本章孔子告诫弟子们说话要笃实，而且要言行一致。因为有的人仅仅是在容貌上显得忠厚老实，而真实品性却未必与其外表表现出来的相一致，故不可以容貌来评价一个人，还要从实践中来观察他的言行举止，方能判定他是不是真正的君子。

孔子告诫弟子不能仅从一个人容貌的端庄敦厚来判断其是一个君子。

《史记·仲尼弟子列传》记载：“吾以言取人，失之宰予，以貌取人，失之子羽。”宰予善于辞令，颇为孔子欣赏，后来才发现他既无仁德又十分懒惰。子羽的体态和相貌很丑陋，孔子开始认为他资质低下，不会成才。但他从师学习后，就致力于修身实践， 处事光明正大。后来还在南方讲学，从者甚众。可见即便是明达善察如孔子者，有时也会有看走眼的时候，亦可见察人之难。

注释

①论笃是与：赞许言论笃实。这是“与论笃”的倒装说法。“与”是动词，表示赞许。“论笃”是前置宾语。“是”用于动宾倒装，无实际意义。

译文

孔子说：“只是赞许说话稳重的人，但这种人是真正的君子呢，还是仅仅从容貌上看起来庄重呢？”

子路使子羔为费宰。子曰："贼夫人之子[1]。"子路曰："有民人焉，有社稷焉[2]。何必读书，然后为学？"子曰："是故恶夫佞者。"

题解

孔子主张"学而优则仕"，反对在仕中学、学中仕，认为这样会误事误人。子羔学问尚未纯熟，就派他去做官，无疑是害他。子路认为治理民众就是实践，而且孔子一贯重视实践，强调身体力行，认为书本知识是次要的。子路的话是以子之矛攻子之盾，但从事政治，必须有足够的学问识见，才能处理好政务。否则边做边学，实际上是拿人民做实验品，容易害民害己。孔子因而责备子路的利口强辩，将无理说为有理。

子路让子羔去做费地的长官，孔子认为这是害人家的儿子。

注释

①贼：害。夫（fú）：那。子羔没有完成学业就去做官，孔子认为这是害了人家的儿子。②社稷：古代帝王、诸侯所祭的土神和谷神，后用为国家的代称。

译文

子路叫子羔去做费地的长官。孔子说："这是害人家的儿子。"子路说："有百姓，有土地五谷，何必读书才算学习？"孔子说："所以我讨厌那些能说会道的人。"

颜渊篇第十二

颜渊问仁。子曰："克己复礼为仁①。一日克己复礼，天下归仁焉。为仁由己，而由人乎哉？"

颜渊曰："请问其目。"子曰："非礼勿视，非礼勿听，非礼勿言，非礼勿动。"

颜渊曰："回虽不敏，请事斯语矣。"

题解

这段话是孔子的著名言论。"克己复礼"是"论语"的核心内容，孔子在此阐释了"仁"与"礼"的关系。仁是内在的品质，礼是外在的表现形式。仁在于人的本心，需要人从自身做起，凡事约束自己不违背礼。行仁全在自己，不在他人。体现在具体行为上，就是视、听、言、动都要符合礼。

孔子对颜渊说，克制自己，使行为和言语都合乎礼就是"仁"。

注释

①克己复礼：克制自己，使自己的行为归到礼的方面去，即合于礼。复礼，归于礼。

译文

颜渊问什么是仁。孔子说："抑制自己，使言语和行动都合礼，就是仁。一旦做到了这些，天下的人都会称许你有仁德。实行仁德是在于自己，难道是靠他人？"

颜渊说："请问实行仁德的具体途径。"孔子说："不合礼的事不看，不合礼的事不听，不合礼的事不言，不合礼的事不动。”

颜渊说：“我虽然不聪敏，请让我照这些话去做。”

仲弓问仁。子曰：“出门如见大宾，使民如承大祭。己所不欲，勿施于人。在邦无怨[1]，在家无怨[2]。”

仲弓曰：“雍虽不敏，请事斯语矣。”

题解

孔子回答仲弓说：己所不欲，勿施于人，就是“仁”。

此章孔子阐述了为政者如何实践仁的思想，道出了中国人做人的理想人格：“己所不欲，勿施于人。”仁具有丰富的内涵，故孔子每次对仁的回答也不尽相同。冉雍曾被孔子称为“可使南面”，具备优异的政治才能，所以孔子从齐家治国的方面来对他讲仁。与人交往要存敬守礼，治理百姓要像承担重大祭祀一般庄重、严肃，凡是自己不愿意做的事情，不要强加到他人身上，自己大公无私自然在邦在家无怨。

注释

①邦：诸侯统治的国家。②家：卿大夫的封地。

译文

仲弓问什么是仁。孔子说：“出门好像去见贵宾，役使民众好像去承担重大祀典。自己所不想要的事物，就不要强加给他人。在邦国做事没有抱怨，在卿大夫之家做事也无抱怨。”

仲弓说：“我冉雍虽然不聪敏，请让我照这些话去做。”

司马牛问仁。子曰："仁者，其言也讱[1]。"曰："其言也讱，斯谓之仁已乎？"子曰："为之难，言之得无讱乎？"

题解

孔子因材施教，因为司马牛多言而浮躁，所以孔子特别针对他这一缺点，告诉他说话要和缓谨慎，少说话多行动，强调言行一致的重要性。

注释

①讱（rèn）：说话谨慎，不容易出口。

译文

司马牛问什么是仁，孔子说："仁人，他的言语显得谨慎。"司马牛说："言语谨慎，这就可以称作仁了吗？"孔子说："做起来难，说话能不谨慎吗？"

司马牛问君子，子曰："君子不忧不惧。"曰："不忧不惧，斯谓之君子已乎？"子曰："内省不疚[1]，夫何忧何惧？"

题解

孔子对弟子们的教育都带有很强的针对性。因为司马牛正直善言而性情急躁，所以在这里，孔子耐心地引导他加强修养，向内省察自己。一切无负于人，自然心中无所愧疚，心胸开阔、坦荡，也就无所忧愁、无所畏惧了。从司马牛和孔子的对话中也可以感觉到他的浮躁和轻率，未及深思就以为做什么都很容易。

注释

①疚（jiù）：内心痛苦，惭愧。

译文

司马牛问怎样才叫君子。孔子说："君子不忧愁，不恐惧。"司马牛说："不忧愁，不恐惧，这就叫君子了吗？"孔子说："内心反省而不内疚，那还有什么忧虑和恐惧的呢？"

司马牛忧曰："人皆有兄弟，我独亡。"子夏曰："商闻之矣：'死生有命，富贵在天。'君子敬而无失，与人恭而有礼，四海之内，皆兄弟也。君子何患乎无兄弟也？"

题解

这是《论语》中的一段名言，其中"死生有命，富贵在天""四海之内皆兄弟"等语长期为后世所使用。司马牛有兄弟四人，都跟着司马桓魋在宋国作乱，死亡无日，他自己也颇以有这样的兄弟为耻，所以说自己独无兄弟。子夏便以自己所听到的哲言为他解忧，提示他人的遭遇属于命运的范畴。一个君子培养好自己的德行，做到敬重而无过失，对人恭敬有礼，四海之内的人都乐于与之交往，何愁没有兄弟呢？

子夏向司马牛阐释君子四海之内皆兄弟的道理。

译文

司马牛忧愁地说："他人都有兄弟，唯独我没有。"子夏说："我听说过：'死生由命运决定，富贵在于上天的安排。'君子认真谨慎地做事，不出差错，对人恭敬而有礼貌，四海之内的人，就都是兄弟，君子何必担忧没有兄弟呢？"

子张问明。子曰："浸润之谮[①]，肤受之愬[②]，不行焉，可谓明也已矣。浸润之谮，肤受之愬，不行焉，可谓远也已矣。"

题解

本章孔子论述的是明智的问题，它对处于领导地位的执政者而言，显得更为重要。有道是“众口铄金，积毁销骨”，能使无孔不入的谗言和诽谤行不通，那可真是明智而且有远见的人了。

注释

①浸润之谮（zèn）：像水浸润物件一样逐渐传播的谗言。谮，诬陷。②肤受之愬（sù）：像皮肤感受到疼痛一样的诬告，即诽谤。愬，同“诉”。

译文

子张问什么是明智。孔子说：“暗中传播的谗言，切身感受的诽谤，在你这儿都行不通，就可以称得上明智了。暗中传播的谗言，切身感受的诽谤，在你这里都行不通，就可以说是有远见了。”

子贡问政。子曰：“足食，足兵①，民信之矣。”子贡曰：“必不得已而去，于斯三者何先？”曰：“去兵。”子贡曰：“必不得已而去，于斯二者何先？”曰：“去食。自古皆有死，民无信不立。”

题解

此章孔子阐述了自己以仁德治国的见解。他认为管理一个国家，首先是人民的吃饭问题，其次才是保卫国家的问题，但更重要的是取得人们的信任，这样才能使全国百姓同心协力。百姓信赖政府，人心凝聚，社会才会和谐。若是执政者不讲信用，就会丧失民心，政府也就不能维持，所以孔子说可以“去兵”“去食”，但不能无信。

孔子向子贡阐释为政的根本在于取信于民的道理。

注释

①兵：武器，指军备。

译文

子贡问怎样治理政事。孔子说："粮食充足，军备充足，民众信任政府。"子贡说："如果迫不得已要去掉一些，三项中先去掉哪一项呢？"孔子说："去掉军备。"子贡说："如果迫不得已，要在剩下的两项中去掉一项，先去掉哪一项呢？"孔子说："去掉粮食。自古以来，人都是要死的，如果没有民众的信任，那么国家就站立不住了。"

棘子成曰[①]："君子质而已矣，何以文为[②]？"子贡曰："惜乎，夫子之说君子也[③]！驷不及舌[④]。文犹质也，质犹文也。虎豹之鞟犹犬羊之鞟[⑤]。"

题解

关于文与质的关系问题，子贡认为应文质兼备，表里一致，这一思想源于孔子。文采和本质同样重要，文采是以本质为基础的，离开了本质，那么文采就没有载体和方法得以彰显；而本质亦须文采来具体表现，离开了文采，本质也就无所依托。两者一内一外，互为表里，密不可分。

子贡与棘子成谈论君子。

注释

①棘子成：卫国大夫。古代大夫被尊称为"夫子"，故子贡以此称之。②质：质地，指思想品德。文：文采，指礼节仪式。③说：谈论。④驷（sì）不及舌：话一出口，四匹马也追不回来，即"一言既出，驷马难追"。⑤鞟（kuò）：去毛的兽皮。

译文

棘子成说："君子有个好的本质就行啦，要文采做什么呢？"子贡说："可惜呀！夫子您这样谈论君子。一言既出，驷马难追。文采如同本质，本质也如同文采，二者是同等重要的。假如去掉虎豹和犬羊的有文采的皮毛，那这两样皮革就没有多大的区别了。"

子张问崇德①、辨惑②。子曰："主忠信③，徙义④，崇德也。爱之欲其生，恶之欲其死；既欲其生，又欲其死，是惑也。'诚不以富，亦祇以异⑤'。"

题解

此章孔子谈的主要是个人的道德修养应以忠信为基础，使自己的行为思想符合义的问题。如果对待人事以个人的主观愿望而定，则会常常受到飘忽无定的情绪影响，爱恶无常，既不稳定，又走极端，便是惑。故要仁中有智，崇尚仁德，唯义是从，方能明心见性，使自己不被迷惑，而能知足常乐。

注释

①崇德：提高道德修养的水平。②惑：迷惑，不分是非。③主忠信：以忠厚诚实为主。④徙义：向义靠拢。徙，迁移。⑤诚不以富，亦祇以异：见《诗经·小雅·我行其野》。这两句诗引在这里，颇觉费解。有人认为是错简。今按朱熹《四书章句集注》中解释译出。

译文

子张向孔子请教怎样提高品德修养和辨别是非。孔子说："以忠厚诚实为主，行为总是遵循道义，这就可以提高品德。对于同一个人，爱的时候希望他长期活下去；厌恶的时候，又希望他死去。既要他长寿，又要他短命，这就是迷惑。'这样对自己实在是没有益处，也只能使人感到奇怪罢了'。"

齐景公问政于孔子。孔子对曰："君君，臣臣，父父，子子。"公曰："善哉！信如君不君，臣不臣，父不父，子不子，虽有粟，吾得而食诸？"

题解

孔子向齐景公阐释为政之道在于“正名分”的道理。

此章说明了孔子理想中的社会礼法制度。摆正人与人之间名分关系，这对维护社会秩序来说是很重要的。春秋时期，社会结构发生变动，西周时君臣父子的等级名分已经遭到了破坏，多有“君不君，臣不臣，父不父，子不子”之事发生。齐景公作为一国之君对此感受颇深，所以他十分赞赏孔子的“正名”主张，但他终究没有任用孔子，不立太子，导致继嗣不定，引发了陈氏弑君之祸。

译文

齐景公向孔子询问政治。孔子回答说：“国君要像国君，臣子要像臣子，父亲要像父亲，儿子要像儿子。”景公说：“好哇！如果真的国君不像国君，臣子不像臣子，父亲不像父亲，儿子不像儿子，即使有粮食，我能够吃得着吗？”

子曰：“片言可以折狱者①，其由也与？”子路无宿诺②。

题解

仲由凭“片言”就可以“折狱”，不但说明他在审理刑狱方面卓有才干，更重要的是说明他信誉卓著。从来审理刑狱案件都要有原告和被告双方的陈述和供词，才能断案。但子路为人忠信果决，做事雷厉风行，人们信服他，在他面前不弄虚作假，因此他可以只听一面之词，就可断案。

注释

①折狱：即断案。狱，案件。②宿诺：拖了很久而没有兑现的诺言。宿，久。

译文

孔子说：“根据单方面的供词就可以判决诉讼案件的，大概只有仲由吧？”子路没有说话不算数的时候。

子张问政。子曰：“居之无倦，行之以忠。”

题解

此章谈论的是从政为官要忠诚和勤谨的问题。身居官位，则要始终如一，不要懒散，懈怠政事。执行君令时，要以忠信，竭心尽力而为。

译文

子张问怎样治理政事，孔子说：“居于官位不懈怠，执行君令要忠实。”

孔子向子张阐释居官不倦、忠行君令的为政道理。

子曰：“君子成人之美，不成人之恶。小人反是。”

题解

这是孔子的一段名言，说明一个有道德的君子是以仁爱为怀的，所以与人为善，愿意成全他人的好事，而不愿意助他人行恶。而小人却总是幸灾乐祸，希望看见他人发生不幸。两者在对人对事的态度上完全不同。

译文

孔子说：“君子成全他人的好事，而不促成他人的坏事。小人则与此相反。”

季康子问政于孔子。孔子对曰：“政者，正也。子帅以正①，孰敢不正？”

题解

从本章的这段话可以看出，孔子十分注重为政者的模范带头作用。在上位的为政者能够做到正己，就可以不令而行，上行下效，使天下人都归于正道。这种为政以德、讲究修身的思想成为封建社会中人治的基础，产生了深远的影响。

孔子向季康子阐释为政者必须端正自身、以身作则的为政道理。

注释

①帅：通“率”，率领。

译文

季康子向孔子询问为政方面的事，孔子回答说：“‘政’的意思就是端正，您自己先做到端正，谁还敢不端正？”

季康子患盗，问于孔子。孔子对曰：“苟子之不欲，虽赏之不窃。”

题解

此章孔子谈论的仍是为政为官的道理。上行则下效，为政者的作风对社会的民风影响很大，所以为政者要注意自己的所作所为，要处处做好表率，给百姓以良好的影响。

在这里，孔子的话也有所针对，统治者如果欲求过多，对人民横征暴敛，百姓迫于生存，难免沦为盗贼。反之，百姓衣食足而知荣辱，衣食无忧，则人人自爱自重，盗窃之事自然绝迹。

译文

季康子担忧盗窃，来向孔子求教。孔子对他说：“如果您不贪求太多的财物，即使让他们去偷，他们也不会干。”

季康子问政于孔子，曰："如杀无道，以就有道，何如？"孔子对曰："子为政，焉用杀？子欲善而民善矣。君子之德风，小人之德草。草上之风①，必偃②。"

题解

季康子向孔子问政，认为杀掉违法乱纪的人而亲近有德的人就能使天下有道。孔子则一向主张以道德感化人民，不主张刑杀治国。在谈到政治效应时，主张以德政来使民心归附，杀伐虽然能威慑众人，却不能真正使人心归服，而且容易埋藏危险的种子，认为天下不可能靠杀伐而变得有道。

注释

①草上之风：谓风吹草。上，一作"尚"，加也。"上之风"谓上之以风，即加之以风。②偃：倒下。

译文

季康子向孔子问政事，说："假如杀掉坏人，以此来亲近好人，怎么样？"孔子说："您治理国家，怎么想到用杀戮的方法呢？您要是好好治国，百姓就会好起来。君子的品德如风，小人的品德如草。草上刮起风，草一定会倒。"

子张问："士何如，斯可谓之达矣①？"子曰："何哉，尔所谓达者？"子张对曰："在邦必闻，在家必闻。"子曰："是闻也，非达也。夫达也者，质直而好义，察言而观色，虑以下人②。在邦必达，在家必达。夫闻也者，色取仁而行违，居之不疑。在邦必闻，在家必闻。"

题解

此章表明一个人在社会上的影响同他的德行、操守是密切相关的。孔子在这里指出了"闻"和"达"的区别。"闻"是欲求名声，"达"是凡事通达，习惯上两字往往合用，所以子张也把两者混淆。孔子在此廓清两者的不同，强调要注重自身的修养去做到通达，而不是去追求在人们心目中的好名声。这种要实至名归、虚名务去的精神值得提倡。

注释

①达：通达。②下人：下于人，即对人谦逊。

孔子向子张解释“闻”和“达”的区别。

译文

子张问道：“士要怎么样才可说是通达了？”孔子说：“你所说的通达是什么呢？”子张回答说：“在诸侯的国家一定有名声，在大夫的封地一定有名声。”孔子说：“这是有名声，不是通达。通达的人，本质正直而喜爱道义，体会他人的话语，观察他人的脸色，时常想到对他人谦让。这样的人在诸侯的国家一定通达，在大夫的封地也一定通达。有名声的人，表面上要实行仁德而行动上却相反，以仁人自居而毫不迟疑。他们在诸侯的国家一定虚有其名，在大夫的封地也一定虚有其名。”

樊迟从游于舞雩之下，曰：“敢问崇德、修慝、辨惑①。”子曰：“善哉问！先事后得，非崇德与？攻其恶，无攻人之恶，非修慝与？一朝之忿，忘其身以及其亲，非惑与？”

题解

樊迟提出的三个问题都是关于个人的修身、齐家等有关品德修养和社会实践及影响的。孔子称赞他问得好，然后分别解答：先付出艰难劳动然后才获得报酬，不过于计算，不要想着不劳而获，则能增进自己的德行；经常反省与批判自己的过错，不苛责他人，自然就会消除积怨；在怒忿初发时，考虑到后患而克制自己，以免为自己及父母招来灾祸，即是辨惑。

注释

①修慝（tè）：改恶从善。修，治，指改正。慝，邪恶。

译文

樊迟跟随孔子在舞雩台下游览，说道：“请问如何提高自己的品德修养，改正过失，辨别是非？”孔子说：“问得好啊！辛劳在先，享乐在后，这不就可以提高自己的品德修养吗？检查自己的错误，不去指责他人的缺点，这不就改正了过失吗？因为一时气愤，而不顾自身和自己的双亲，这不就是迷惑吗？”

子贡问友。子曰：“忠告而善道之①，不可则止，毋自辱焉。”

题解

此章孔子谈的是交友之道：要忠言直告又要恰当地引导，不宜强加于人。即使是忠言善语，不被朋友接受，也不要去强加于人，否则会自讨没趣。这种交友处世之道至今有用。

注释

①道：通“导”。

译文

子贡问怎样交朋友。孔子说：“忠心地劝告他并好好地开导他，如果不听从就罢了，不要自取其辱。”

曾子曰：“君子以文会友，以友辅仁。”

题解

此章讲的也是交友之道。以文会友被认为是君子所为。朋友之间相互勉励扶持，在一起切磋琢磨，共同走上人生的正途。

译文

曾子说：“君子用文章学问来结交、聚合朋友，用朋友来帮助自己培养仁德。”

子路篇第十三

子路问政。子曰："先之，劳之。"请益。曰："无倦。"

题解

此章谈的是执政者的道德修养问题。为政者自己要首先以身作则，体恤慰劳民众，不要倦怠。子路为人爽直而鲁莽，为官从政有热情但是难以持之以恒。新官上任三把火，官员刚走马上任时往往容易取得成效，但很难保持一贯的良好势头，所以无倦方能恒久。

孔子向子路阐释要以身作则、不要懈怠的为政道理。

译文

子路问为政之道。孔子说："自己先要身体力行带好头，然后让老百姓辛勤劳作。"子路请求多讲一些，孔子说："不要倦怠。"

仲弓为季氏宰，问政。子曰："先有司，赦小过，举贤才。"曰："焉知贤才而举之？"曰："举尔所知。尔所不知，人其舍诸？"

题解

为政在人，为政者一定要为下面的人做出表率，对下属的小过失不要计较，要抓大放小。重要的在于善举贤才，从近处做起，从自己做起，这些都是孔子的为政之道。

译文

仲弓做了季氏的总管，问怎样管理政事，孔子说："自己先给下属各部门主管人员做出表率，原谅他人的小错误，提拔贤能的人。"仲弓说："怎么知道哪些人是贤能的人而去提拔他们呢？"孔子说："提拔你所知道的；那些你所不知道的，他人难道会埋没他吗？"

子路曰："卫君待子而为政，子将奚先？"子曰："必也正名乎！"子路曰："有是哉，子之迂也！奚其正？"子曰："野哉由也！君子于其所不知，盖阙如也[①]。名不正，则言不顺；言不顺，则事不成；事不成，则礼乐不兴；礼乐不兴，则刑罚不中[②]；刑罚不中，则民无所措手足。故君子名之必可言也，言之必可行也。君子于其言，无所苟而已矣[③]。"

题解

这是孔子言论中关系到国家大事和为人处世的著名论述，其中"名不正，则言不顺"一句常被人们引用。"名"代表的是一种秩序、规范、法则，关系着传统伦理政治的维系。正名的具体内容是"君君，臣臣，父父，子子"，就是一个国家、一个事业，光明正大的理念要讲清楚，只有名分正了，做任何事情才能理直气壮。这是孔子的一个基本的政治观点。

注释

①阙：通"缺"。缺而不言，存疑的意思。②中（zhòng）：得当。③苟：随便，马虎。

译文

子路说："卫国国君要您去治理国家，您打算先从哪些事情做起呢？"孔子说："首先必须正名分。"子路说："有这样做的吗？您真是太迂腐了。这名怎么正呢？"孔子说："仲由真粗野啊。君子对于他所不知道的事情，总是采取存疑的态度。名分不正，说起话来就不顺当合理。说话不顺当合理，事情就办不成。事情办不成，礼乐就不能兴盛。礼乐不能兴盛，刑罚的执行就不会得当。刑罚不得当，百姓就不知怎么办。所以，君子一定要定下一个名分，必须能够说得明白，说出来一定能够行得通。君子对于自己的言行，是从不马虎对待的。"

樊迟请学稼，子曰："吾不如老农。"请学为圃。曰："吾不如老圃。"樊迟出。子曰："小人哉，樊须也！上好礼，则民莫敢不敬；上好义，则民莫敢不服；上好信，则民莫敢不用情。夫如是，则四方之民襁负其子而至矣①，焉用稼？"

题解

春秋时代，礼崩乐坏，孔子把克己复礼当成毕生事业。在孔子看来，如果为政者把精力放在生活的具体事务上，就是舍本逐末。儒家认为社会有分工，种庄稼蔬菜等耕作之事是老百姓的分内之事，而居官为政者则需要学习如何修身立德，重视礼、义、信。只要做好这些，百姓就会主动来归附。孔子的教育思想在于培养为政的人才，因此以"文、行、忠、信"四科为教育内容，而种田种菜等劳动生产之事不在其教育之中。

注释

①襁（qiǎng）：背负小孩所用的布兜子。

译文

樊迟向孔子请教如何种庄稼，孔子说："我不如老农民。"又请教如何种蔬菜，孔子说："我不如老菜农。"樊迟出去了。孔子说："真是个小人啊！樊迟这个人！居于上位的人爱好礼仪，老百姓就没有敢不恭敬的；居于上位的人爱好道义，老百姓就没有敢不服从的；居于上位的人爱好诚信，老百姓就没有敢不诚实的。如果能够做到这些，那么，四方的老百姓就会背负幼子前来归服，何必要自己来种庄稼呢？"

子曰："诵《诗》三百，授之以政①，不达②；使于四方③，不能专对④。虽多，亦奚以为⑤？"

题解

本章孔子的这段言论表明，他的教育思想和目的是致力培养对国家有用的人才，使所育之才能够治理国家，让天下归仁。学习《诗经》的目的也是让弟子们增加多方面的知识，成为有用之才，而不是成为纯粹的文人或书呆子。

《诗经》中有很多议论施政得失的篇章，因此对执政者有警醒、借鉴作用。如果读《诗经》而不知民心之所向、政事之所趋，不能活学活用，那么读得再多也是没有用的。由此可见，孔子是倡导学以致用的。

孔子提倡学以致用。

注释

①授：交给。②不达：办不好。③使：出使。④不能专对：不能随机应变，独立应对。古代使节出使，遇到问题要随机应变，独立地进行外事活动。⑤以：用。

译文

孔子说："熟读了《诗经》三百篇，交给他政务，他却搞不懂；派他出使到四方各国，又不能独立应对外交。虽然读书多，又有什么用处呢？"

子曰："其身正，不令而行；其身不正，虽令不从。"

题解

这也是孔子一贯主张的执政者要以身作则的原则。为政者必须先正己，自身不正，虽有命令他人也不会听从，更别提去正人了。孔子讲为政以德，对上位者提出要求和约束，有其积极意义。

译文

孔子说："（作为管理者）如果自身行为端正，不用发布命令，事情也能推行得通；如果本身不端正，就是发布了命令，百姓也不会听从。"

子适卫①，冉有仆②。子曰："庶矣哉③！"冉有曰："既庶矣，又何加焉④？"曰："富之。"曰："既富矣，又何加焉？"曰："教之。"

孔子到卫国去，冉有为他驾车。

题解

本章孔子提出了“先富后教”的政治思想，认识到经济富裕是德教的基础。孔子重视教化，但并不凭空言道，而是明白教化是在物质生活已经达到一定程度后才会有成效的。所以，一定要深入理解孔子的原意。

注释

①适：往，到……去。②仆：动词，驾驭车马。亦可做名词用，指驾车的人。③庶：众多。④加：再，增加。

译文

孔子到卫国去，冉有为他驾车。孔子说：“人口真是众多啊！”冉有说：“人口已经如此众多了，又该再做什么呢？”孔子说：“使他们富裕起来。”冉有说：“已经富裕了，还该怎么做？”孔子说：“教育他们。”

子曰：“苟有用我者，期月而已可也①，三年有成。”

题解

据《史记·孔子世家》记载，这是孔子在卫国时有感而发的言辞，表达了自己从政的信心。

注释

①期（jī）月：一年。

译文

孔子说：“假如有人让我主持国家政事，一年之内就可以见到成效了，三年便能完全治理好。”

子曰："如有王者，必世而后仁[①]。"

题解

接着上一章，孔子说，能够行仁道的"王者"只需三十年便可实现仁政，这显然比上一章的"善人"更高明。治国需要循序渐进，这依赖于人心的向善归仁，需要为政者的教化倡导。

注释

①世：古代以三十年为一世。

译文

孔子说："如果有王者兴起，也一定要三十年之后才能实现仁政。"

子曰："苟正其身矣，于从政乎何有？不能正其身，如正人何？"

题解

此章孔子讲的还是"正人先正己"的道理。在伦理政治中，正身被看作从政者必备的素质，这种重德治的政治主张也导致了对法治的忽视和人治思想的形成。

译文

孔子说："如果端正了自己的言行，治理国家还有什么难的呢？如果不能端正自己，又怎么能去端正他人呢？"

冉子退朝[①]。子曰："何晏也？"对曰："有政。"子曰："其事也。如有政，虽不吾以[②]，吾其与闻之[③]。"

题解

此章孔子区分了"议事"与"议政"两个不同的概念，也有正名的意思，因为冉有是退于季氏的私朝。这也说明孔子虽不在朝，却一直十分关心国家政治。

注释

①朝：朝廷。或指鲁君的朝廷，或指季氏议事的场所。②不吾以：不用我。以，用。③与：参与。

译文

冉有从办公的地方回来，孔子说："今天为什么回来得这么晚呢？"冉有回答说："有政务。"孔子说："那不过是一般性的事务罢了。如果是重要的政务，即使不用我，我还是会知道的。"

孔子向鲁定公阐释言论、谏诤的重要性。

定公问："一言而可以兴邦，有诸？"孔子对曰："言不可以若是，其几也①。人之言曰：'为君难，为臣不易。'如知为君之难也，不几乎一言而兴邦乎？"曰："一言而丧邦，有诸？"孔子对曰："言不可以若是，其几也。人之言曰：'予无乐乎为君，唯其言而莫予违也。'如其善而莫之违也，不亦善乎？如不善而莫之违也，不几乎一言而丧邦乎？"

题解

"一言可以兴邦""一言可以丧邦"已经成为成语，这并非过甚其辞。执政者确实应该小心谨慎，注意自己的一言一行。古代专制政治，君主的权力很大，因一言而丧邦的大有人在。故孔子说，要体会到做国君、做臣下都不容易，就会心存怵惕。孔子批评国君以无人敢于违抗自己的意志为乐的态度，很有针对性。

注释

①几（jī）：近。

译文

鲁定公问："一句话可以使国家兴盛，有这样的事吗？"孔子回答说：

"对语言不能有那么高的期望。有人说：'做国君难，做臣子也不容易。'如果知道了做国君的艰难（自然会努力去做事），这不是相当一句话而使国家兴盛吗？"定公说："一句话而丧失了国家，有这样的事吗？"孔子回答说："对语言的作用不能有那么高的期望。有人说：'我做国君没有感到什么快乐，唯一使我高兴的是我说的话没有人敢违抗。'如果说的话正确而没有人违抗，这不是很好吗？如果说的话不正确也没有人敢违抗，这不就是相当一句话就使国家丧亡吗？"

叶公问政。子曰："近者说[①]，远者来。"

题解

为政之道，在得民心。叶公即楚国贵族沈诸梁。叶公理政，事事公开，慎刑罚，薄赋税，为民众所称颂。孔子至楚，因有叶公问政事。

注释

①说：同"悦"。

译文

叶公问怎样治理国家。孔子说："让近处的人快乐满意，使远处的人闻风归附。"

子夏为莒父宰[①]，问政。子曰："无欲速，无见小利。欲速，则不达；见小利，则大事不成。"

题解

这是孔子提出的关于管理地方政务的原则、方法的一段问答。执政欲速则容易急遽失序，从而犯下揠苗助长的毛病，反而不容易达成目标；有心求治，不妨从容治理。"欲速则不达"已经成为成语，做大事小事都要遵循这个法则。

注释

①莒（jǔ）父：鲁国的一个城邑，在今山东省莒县境内。

译文

子夏做了莒父地方的长官，问怎样治理政事。孔子说："不要急于求成，不要贪图小利。急于求成，反而达不到目的；贪小利则办不成大事。"

孔子教诲子夏为政不要急于求成，不要贪图小利。

樊迟问仁。子曰："居处恭，执事敬，与人忠。虽之夷狄，不可弃也。"

题解

此章孔子提出了做人在生活、工作和交友等各个方面的"仁"的要求，即"恭""敬""忠"是一个人的为人之道。生活中保持恭肃之心，工作中做事诚敬，毫不苟且，与人相交忠诚以待，到哪里都行得通。

译文

樊迟问什么是仁。孔子说："平时的生活起居要端庄恭敬，办事情的时候严肃认真，对待他人要忠诚。即使是去边远的少数民族居住的地方，也是不能废弃这些原则的。"

子曰："不得中行而与之[①]，必也狂狷乎[②]！狂者进取，狷者有所不为也。"

题解

孔子认为，能够"中行"的人是理想中的合乎中庸之道的人。然而现实中这种人太少了，如果有"狂"者和"狷"者，就算不错了。狂者好高骛远，就不会自甘堕落，而会去积极进取，如果践道笃行也会有所成就；狷者清高自守，有所为有所不为，如果能做到恢宏通达亦会有所成就。“中行”之士不可求，只好退而求其次。

孔子说，如果找不到行为合乎中庸的人为友，一定只能和勇者及洁身自好者交往。

注释

①中行：行为合乎中庸。与：相与，交往。②狷（juàn）：性情耿直，不肯同流合污。

译文

孔子说：“找不到行为合乎中庸的人而和他们交往，一定只能和勇于向前及洁身自好的人交往！勇于向前的人努力进取，洁身自好的人不会去做坏事！激进的人勇于进取，耿直人不做坏事。”

子曰：“南人有言曰：‘人而无恒，不可以作巫医①。’善夫！”“不恒其德，或承之羞②。”子曰：“不占而已矣③。”

题解

本章中孔子讲了两层意思：一是人必须有恒心，这样才能成就事业。二是人必须恒久保持德行，否则就可能遭受耻辱。这是他对自己的要求，也是对学生们的告诫。

孔子教诲学生，人如果不能恒守德行，有时候就会遭受羞辱。

注释

①巫医：用卜筮为人治病的人。②不恒其德，或承之羞：此二句引自《易经·恒卦·爻辞》。意思是说，人如果不能长期坚持自己的德行，有时就要遭受羞辱。③占：占卜。

译文

孔子说："南方人有句话说：'人如果没有恒心，就不可以做巫医。'这话说得好啊！"《周易》说："不能长期坚持自己的德行，有时就要遭受羞辱。"孔子又说："这句话的意思是叫没有恒心的人不要占卦罢了。"

子曰："君子和而不同[①]，小人同而不和。"

题解

"和而不同"是孔子思想体系中的重要组成部分。君子可以与他周围的人保持和谐融洽的关系，但他对待任何事情都必须经过自己的独立思考，从来不人云亦云，盲目附和；但小人则没有自己独立的见解，只求与他人完全一致，而不讲求原则，但他却与他人不能保持融洽友好的关系。这是在为人处世方面。其实，在所有的问题上，往往都能体现出"和而不同"与"同而不和"的区别。"和而不同"显示出孔子思想的深刻哲理和高度智慧。

注释

①和：和谐，协调。同：人云亦云，盲目附和。

译文

孔子说："君子追求与人和谐而不是完全相同、盲目附和，小人追求与人相同、盲目附和而不能与人和谐。"

子曰："君子易事而难说也[①]。说之不以道，不说也；及其使人也，器之[②]。小人难事而易说也。说之虽不以道，说也；及其使人也，求备焉。"

题解

孔子在这里谈的是做人的两种作风。这是君子和小人的又一区别，君子严于律己，心中自有正道和操守，喜欢人以正道行事，他爱惜人才，宽以待人，故人乐为之用。小人喜欢他人顺从取悦自己，做事却对人求全责备。

注释

①说：通"悦"。②器之：按各人的才德适当使用。"器"，器用，做动词用。

译文

孔子认为，在君子手下做事很容易，但要取悦他却很难。

孔子说：“在君子手下做事情很容易，但要取得他的欢心却很难。不用正当的方式去讨他的欢喜，他是不会喜欢的；等到他用人的时候，能按各人的才德去分配任务。在小人手下做事很难，但要想讨好他却很容易。用不正当的方式去讨好他，他也会很高兴；但在用人的时候，却是要百般挑剔、求全责备。”

子曰：“君子泰而不骄，小人骄而不泰。”

题解

由于君子和小人内在的心灵、思想和修养不同，诚于中，形于外，自然他们表现于外的风格也不相同。君子秉持公道，心无偏私，故能安然坦荡；君子卑以自牧，故为人心平气和，不骄矜傲慢。小人虽然志得意满、心高气盛，却对自我并无充分的认知和肯定，故很难做到平和坦荡。

译文

孔子说：“君子安详坦然而不骄矜凌人；小人骄矜凌人而不安详坦然。”

子曰：“刚、毅、木、讷，近仁。”

题解

孔子认为“仁”是人格的最高境界，不易达到，但可以从基本的刚、毅、木、讷这四种美好的品质做起。刚强就不会为欲望所动摇，坚毅就不会为困难和威势所屈服，质朴就会保持敦厚严谨的作风，言语谨慎就能避免不必要的祸害。

译文

孔子说："刚强、坚毅、质朴、慎言，具备了这四种品德的人便接近仁德了。"

子路问曰："何如斯可谓之士矣？"子曰："切切、偲偲[1]，怡怡如也[2]，可谓士矣。朋友切切、偲偲，兄弟怡怡。"

题解

前面子贡问士，孔子提出了士的三个不同层次；这里子路问士，孔子则提出要处理好朋友之间、兄弟之间的关系。朋友结交多因意气相投，难免有偏袒徇私或者只有酒肉交情，故孔子强调"以友辅仁"，希望朋友间通过互相善意批评来提升德行；兄弟关系紧密就会言行少顾忌，反而容易因小事而生怨，所以孔子强调要兄友弟恭，这样兄弟之间才会和谐顺遂。这些回答都是在因材施教。

注释

①偲（sī）偲：勉励、督促、诚恳的样子。②怡怡：和气、亲切、顺从的样子。

译文

子路问道："怎样才可以称为士呢？"孔子说："互相帮助督促而又和睦相处，就可以叫作士。朋友之间互相勉励督促，兄弟之间和睦相处。"

子曰："善人教民七年，亦可以即戎矣[1]。"

题解

孔子是主张和平的，他反对暴力和带有侵略性质的兼并战争；但他也知道"天下虽安，忘战必危"的道理，故认同保卫国家、抵抗外侵的战争。他认为必须保持民众的忧患意识，加强人民保卫国家的教育和训练，做好战争的准备。

注释

①即戎：参与军事。"即"用作动词，表示"就"的意思。

译文

孔子说："善人教导训练百姓七年，就可以叫他们去作战了。"

宪问篇第十四

宪问耻[①]。子曰："邦有道，谷[②]；邦无道，谷，耻也。""克、伐、怨、欲不行焉[③]，可以为仁矣？"子曰："可以为难矣，仁则吾不知也。"

题解

本章是孔子对原宪问耻的回答，意思与《泰伯》篇第十三章同，可以参照阅读。原宪是孔门中比较洁身自好而性格狷介的学生，故孔子告诉他世道清明的时候，应当出仕为官，身处乱世则隐居草泽的道理。克、伐、怨、欲都是不好的事情，能加以克制则无损于人，但亦未必能够有益于人，因此还难以称得上达到了仁的境界。

注释

①宪：姓原，名宪，字子思，孔子的学生。②谷：俸禄。③克：好胜。伐：自夸。

译文

原宪问什么叫耻辱。孔子说："国家政治清明，做官领俸禄；国家政治黑暗，也做官领俸禄，这就是耻辱。"原宪又问："好胜、自夸、怨恨和贪婪这四种毛病都没有，可以称得上仁吗？"孔子说："可以说是难能可贵，至于是不是仁，我就不能断定了。"

子曰："士而怀居[①]，不足以为士矣。"

题解

孔子理想中的士，具有安贫乐道的美好品格。他认为，如果士人贪图安逸的生活，就失去了作为士的资格，这与前面他所说的"士志于道，而耻恶衣恶食者，未足与议也"的思想是一脉相承的。

注释

①怀居：留恋家室的安逸。怀，思念，留恋。居，家居。

译文

孔子说："士人如果留恋安逸的生活，就不足以做士人。"

子曰："邦有道，危言危行[1]；邦无道，危行言孙[2]。"

题解

此章孔子讲的是做人与为政之道，孔子既主张行"仁"道，又主张重生。君子身处政治清明之世，不妨直言直行；然而身处乱世则应该明哲保身，以待时机匡扶时势。在乱世中，行为固然不能苟且，但也不宜放言直论而招来祸端。孔子的话并非怯懦、软弱的表现，而是他不赞成逞一时意气的刚强，注重韧性精神。

注释

①危：直，正直。②孙（xùn）：通"逊"。

译文

孔子说："国家政治清明时，言语正直，行为正直；国家政治黑暗时，行为也要正直，但言语应谦逊谨慎。"

子曰："有德者必有言，有言者不必有德；仁者必有勇，勇者不必有仁。"

题解

这一章阐释的是言论与道德以及勇敢与仁德之间的关系。这是孔子的道德哲学观。他认为勇敢只是仁德的一个方面，二者并不是对等的关系，所以，人除了有勇以外，还要修养其他各种道德，从而成为有德之人。

译文

孔子说："有德的人一定有好的言论，但有好言论的人不一定有德。仁人一定勇敢，但勇敢的人不一定有仁德。"

子曰："君子而不仁者有矣夫，未有小人而仁者也。"

题解

在孔子看来，仁的境界是非常高的、难以企及的。君子尚且要时时注意努力，小人就更难了。

译文

孔子说："君子之中也许有不仁的人吧，但小人之中却不会有仁人。"

子曰："爱之，能勿劳乎？忠焉[①]，能勿诲乎？"

题解

孔子这里谈的是爱百姓、爱后进，而且要忠于朋友、忠于国家的思想。爱则会为之尽心尽力，忠则会为之谋虑规划。

注释

①焉：相当于"于是"，也相当于"于之"，但古代"于"和"之"一般不连用。

译文

孔子说："爱他，能不以勤劳相劝勉吗？忠于他，能不以善言来教诲他吗？"

子曰："贫而无怨难，富而无骄易。"

题解

孔子认为富足了而不骄傲容易，贫穷时保持心态平和却很难。人在解决生活温饱问题后，再去追求礼乐文明是不难做到的；但倘若总是生活在艰辛贫苦之中，就很难继续保持平和的心态，必然不堪其忧。

译文

孔子说："贫穷而没有怨恨很难，富贵而不骄矜倒很容易。"

子路问成人[①]。子曰："若臧武仲之知[②]，公绰之不欲，卞庄子之勇[③]，冉求之艺，文之以礼乐，亦可以为成人矣。"曰："今之成人者何必然？见利思义，见危授命，久要不忘平生之言[④]，亦可以为成人矣。"

题解

此章是讨论人格完善的问题。在孔子看来，人能兼具臧武仲、孟公绰、卞庄子、冉求这四种人的智、廉、勇、艺的优点，再加上礼乐的修养，就接近于完人了，这是非常高的标准，世间是少有人做到的。孔子又说，在现实中能做到重义轻利、勇于担当，而且要"久要不忘平生之言"，也就算是完人了。其"见利思义"的思想，对后世影响深远。

注释

①成人：全人，即完美无缺的人。②臧武仲：鲁国大夫臧孙纥。他在齐国时，能预见齐庄公将败，不受其田邑。见《左传·襄公二十三年》。③卞庄子：鲁国的大夫，封地在卞邑，以勇气著称。④久要：长久处于穷困之中。

译文

子路问怎样才算是完人。孔子说："像臧武仲那样有智慧，像孟公绰那样不贪求，像卞庄子那样勇敢，像冉求那样有才艺，再用礼乐来增加他的文采，就可以算个完人了。"孔子又说："如今的完人何必要这样呢？见到利益能想到道义，遇到危险时肯献出生命，长期处在贫困之中也不忘平生的诺言，就可以算是完人了。"

子问公叔文子于公明贾[①]，曰："信乎？夫子不言、不笑、不取乎？"

公明贾对曰："以告者过也[②]。夫子时然后言，人不厌其言；乐然后笑，人不厌其笑；义然后取，人不厌其取。"

子曰："其然？岂其然乎？"

题解

卫大夫公叔文子以贤德著称于世，他"时然后言""乐然后笑""义然后取"的高尚人格得到孔子的赞许。

注释

①公叔文子：卫国的大夫。公明贾：卫国人，姓公明，名贾。②以：此。

译文

孔子向公明贾问到公叔文子，说："是真的吗？他老先生不言语、不笑、不取钱财？"

孔子与公明贾谈论公叔文子的为人。

公明贾回答说："那是告诉你的人说错了。他老人家是到该说话时再说话，他人不讨厌他的话；高兴了才笑，他人不厌烦他的笑；应该取的时候才取，他人不厌恶他的取。"

孔子说道："是这样的吗？难道真的是这样的吗？"

子曰："晋文公谲而不正①，齐桓公正而不谲②。"

题解

本章是孔子站在尊王和维护周礼的立场上，对春秋时期两位著名的政治家分别做了评价。

齐桓公"尊王攘夷"，讨伐楚国。

齐桓公和晋文公同为春秋时期的霸主，但两者在行事上大有区别。齐桓公打着天子的旗号会盟诸侯，讨伐楚国的不臣，师出有名，义正词严，行为上是比较光明正大的。而晋文公遭家乱，流亡在外十九年，多次施用诡道才得以复国称霸，因此孔子称他诡谲而不正派。

注释

①晋文公：姓姬，名重耳，“春秋五霸”之一，公元前636—前628年在位。谲（jué）：欺诈，玩弄手段。正：正派。②齐桓公：姓姜，名小白，“春秋五霸”之一，公元前685—前643年在位。

译文

孔子说：“晋文公诡诈而不正派，齐桓公正派而不诡诈。”

子路曰：“桓公杀公子纠[①]，召忽死之，管仲不死。”曰：“未仁乎？”子曰：“桓公九合诸侯[②]，不以兵车，管仲之力也。如其仁[③]！如其仁！”

题解

子路因为管仲没有自杀以殉公子纠而认为管仲没有仁德。对此，孔子解释说，管仲帮助齐桓公召集诸侯会盟，息兵戈而解纷争，使天下由此而安，为维护和平做出了贡献，这就是他的“仁德”。

注释

①公子纠：齐桓公的哥哥。齐桓公曾与其争位，杀掉了他。②九合诸侯：指齐桓公多次召集诸侯盟会。③如：乃，就。

译文

子路说：“齐桓公杀了公子纠，召忽自杀以殉，但管仲却没有死。”接着又说：“管仲这是不仁吧？”孔子说：“桓公多次召集各诸侯国盟会，不用武力，都是管仲出的力。这就是他的仁德！”

子贡曰：“管仲非仁者与？桓公杀公子纠，不能死，又相之。”子曰：“管仲相桓公，霸诸侯，一匡天下，民到于今受其赐。微管仲[①]，吾其被发左衽矣[②]。岂若匹夫匹妇之为谅也[③]，自经于沟渎而莫之知也[④]？”

题解

在《八佾》篇第二十二章中，孔子曾批评管仲“不知礼”；此章和上一章却肯定管仲的“仁”。这说明孔子评价人并不是片面的，而是取大义而舍小义。

孔子认为管仲安定天下，有功于百姓，这是他的大节。若因一时的意气而自寻短见，忘记以国家大局为重，那是多么浅陋和狭隘的行为啊。

注释

①微：如果没有。用于和既成事实相反的假设句的句首。②被：通“披”。衽（rèn）：衣襟。“披发左衽”是当时少数民族的打扮，这里指沦为夷狄。③谅：诚实。④自经：自缢。渎（dú）：小沟。

译文

子贡说：“管仲不是仁人吧？齐桓公杀了公子纠，他不能以死相殉，反又去辅佐齐桓公。”孔子说：“管仲辅佐齐桓公，称霸诸侯，匡正天下一切，人民到现在还受到他的好处。如果没有管仲，我们大概都会披散着头发，衣襟向左边开了。难道他要像普通男女那样守着小节小信，在山沟中上吊自杀而没有人知道吗？”

公叔文子之臣大夫僎与文子同升诸公①。子闻之，曰：“可以为‘文’矣②。”

题解

此章孔子称赞了公叔文子举贤的美德，他将自己的家臣加以推荐，使之与自己一同升为公卿。这在等级森严的传统社会中颇不容易，所以孔子赞美他当得起“文”的谥号。

公叔文子擢升为卫国大臣。

注释

①臣大夫：即家大夫，文子的家臣。僎（zhuàn）：人名。本是文子的家臣，因文子的推荐，和文子一起做了卫国的大臣。同升诸公：同升于公朝。②可以为“文”：周朝的谥法，“赐民爵位曰‘文’”。公叔文子使大夫僎和他一起升于公朝，所以孔子说他可

以谥为“文”。

译文

公叔文子的家臣大夫僎，（被文子推荐）和文子一起擢升为卫国的大臣。孔子听说了这件事，说：“可以给他‘文’的谥号了。”

子曰：“其言之不怍①，则为之也难。”

题解

孔子一直认为自知之明非常重要，好的品德的体现在行动上，应该为说大话感到难堪。

注释

①怍（zuò）：惭愧。

译文

孔子说：“说话大言不惭，实行这些话就很难。”

子路问事君。子曰：“勿欺也，而犯之①。”

题解

本章是孔子的经验之谈，也是他对君主要忠诚、做人要正直的一贯主张。侍奉君不阿谀奉迎，尊重事实真理，不去欺骗他；对于原则性和根本性的问题，哪怕会引发君主的愤怒，也应该犯颜直谏，这是为人臣者的本分。

注释

①犯：冒犯。指当面直言规劝。

译文

子路问怎样服侍君主。孔子说：“不要欺骗他，但可以犯颜直谏。”

子曰：“君子上达，小人下达①。”

题解

孔子已多次提出过君子与小人的种种区别，这里从根本上指出了二者的不同：君子通达于道义的信仰，小人通达于物质的欲望。

注释

①上达、下达：有各种解释：其一，上达于仁义，下达于财利；其二，上达于道，下达于器（农工商各业）；其三，上达是日进乎高明，长进向上；下达是日究乎污下，沉沦向下。今从一义。

译文

孔子说："君子向上通达仁义，小人向下通达财利。"

子曰："古之学者为己，今之学者为人。"

题解

孔子这里讲的是古今学者学习的目的。古之学者勤学苦修是真诚地为了提高自己，寻求个人道德境界的超越。而后来的学者只是为了装点门面给人看，将学问作为邀名买利的工具。

译文

孔子说："古代学者学习是为了充实提高自己，现在的学者学习是为了做给他人看。"

子曰："不在其位，不谋其政①。"曾子曰："君子思不出其位。"

题解

春秋末期，诸侯越礼、大夫专权之事很多，孔子和曾子的话就是针对这种状况而发的。

注释

①这两句重出，见《泰伯》篇第十四章。

译文

孔子说："不在那个职位上，就不去谋划那个职位上的政事。"曾子说："君子所思虑的不超出他的职权范围。"

子曰："君子耻其言而过其行①。"

题解

以言行一致为美德，以言过其行为可耻，这是孔子一贯提倡的做人准则。要么不说，要么说出就一定要做到。如果言之凿凿，却不能付诸实践，徒有华丽的言辞，那也只是假道学罢了。君子是行动胜过言语的。

注释

①而：用法同"之"。

译文

孔子说："君子把说得多做得少视为可耻。"

子曰："君子道者三，我无能焉：仁者不忧，知者不惑，勇者不惧。"子贡曰："夫子自道也。"

题解

孔子提出仁、智、勇三条作为君子的标准。仁爱的人不忧愁，智慧的人不迷惑，勇敢的人不畏惧，这也是中国传统文化中的核心思想之一。

译文

孔子说："君子所遵循的三个方面，我都没能做到：仁德的人不忧愁，智慧

孔子批评子贡随便议论别人。

的人不迷惑，勇敢的人不惧怕。”子贡说道：“这是老师对自己的描述。”

子曰：“不患人之不己知，患其不能也。”

题解

这一章告诉我们，一个人最重要的是加强自身修养，要有真才实学，不要担心他人不了解自己。整天叹息怀才不遇，是一种消极情绪，机会是留给有准备的人的。所以不要急切地去寻求自我展示，而是要回归自身，寻求了解自己的优劣长短，努力提升自身的修为。

孔子教诲弟子，不要担心别人不知道自己，而要时刻反思自己有没有能力。

译文

孔子说：“不必担心他人不知道自己，只需要担心自己没有能力。”

子曰：“不逆诈[①]，不亿不信[②]，抑亦先觉者，是贤乎！”

题解

孔子这里谈的是贤人在人际交往中不去凭空怀疑和臆测，又有知人之明。多疑往往是因为自身不明，明白人事的人自然心中无所疑，能如明镜一般体察万物，不会为人所蒙蔽。

注释

①逆诈：逆，事先预料。逆诈，据颜师古：“谓以诈意逆猜人也。”②亿：通“臆”，主观臆测。

译文

孔子说："不预先怀疑他人欺诈，不凭空臆想他人不诚信，却能先行察觉，这样的人才是贤者啊。"

微生亩谓孔子曰[①]："丘何为是栖栖者与[②]？无乃为佞乎[③]？"孔子曰："非敢为佞也，疾固也[④]。"

题解

微生亩是长者，所以直呼孔子之名。孔子为了推行周礼，终生忙忙碌碌，周游列国，一再碰壁，但他义无反顾，表现出对天下、国家的负责态度和对理想执着追求的精神。

注释

①微生亩：姓微生，名亩，隐士。②是：副词，当"如此"解。栖（xī）栖：不安定的样子。③佞：花言巧语。④疾：痛恨，讨厌。固：顽固不化。

译文

微生亩对孔子说："你为什么如此奔波忙碌呢？不是为了显示你的才辩吧？"孔子说："我不敢显示我有才辩，只是讨厌那种顽固不化的人。"

子曰："骥不称其力[①]，称其德也。"

题解

骥是千里马，一日能行千里。孔子用千里马来说明人的德比才更重要。衡量人才的标准首先是德，在德的基础上要有才。

注释

①骥：千里马。古代称善跑的马为骥。

译文

孔子说："对千里马不是称赞它的力气，而是称赞它的品德。"

或曰："以德报怨，何如？"子曰："何以报德？以直报怨，以德报德。"

题解

"以德报怨"看上去更为宽容，但是不够正直。"仁"的理想本来是推己及人的，要爱憎分明，明辨是非，讲究公正和原则，孔子强调以直报怨，这是正确的。

译文

有人说："用恩德来回报怨恨，怎么样？"孔子说："那用什么来回报恩德呢？应用正直来回报怨恨，用恩德来回报恩德。"

子曰："莫我知也夫！"子贡曰："何为其莫知子也？"子曰："不怨天，不尤人①，下学而上达。知我者其天乎②！"

题解

《史记·孔子世家》中说，孔子周游列国不为所用，晚年返回鲁国教育学生。鲁哀公十四年，孔子七十一岁时，鲁君在大野泽狩猎，获一怪兽，孔子以为是麒麟，不禁流泪，他感叹自己的政治理想不能实现了，但他"不怨天，不尤人"，显示出伟大的人格。怀才不遇而抑郁感叹，孔子亦不能免。

注释

①尤：责怪。②其：前句中"其"字是用于句中的助词，无义。本句中"其"字用于拟议不定，可以译为"大概"或"恐怕"。

译文

孔子说："没有人了解我啊！"子贡说："为什么没有人了解您呢？"孔子说："不埋怨天，不责备人，下学人事而上达天命。了解我的大概只有天吧！"

公伯寮愬子路于季孙①。子服景伯以告②，曰："夫子固有惑志于公伯寮③，吾力犹能肆诸市朝④。"

子曰："道之将行也与，命也；道之将废也与，命也。公伯寮其如命何！"

题解

孔子担任鲁国大司寇时，摧毁了三家权臣的都城，以加强公室的力量，子路为具体的执行者。子路顺利地摧毁了叔孙氏和季孙氏的都城后，公伯寮开始在季孙氏面前毁谤子路。本章通过公伯寮毁谤子路一事，表明了孔子的天命思想，他认为"道"能否推行，在天不在人，即"谋事在人，成事在天"。

公伯寮向季孙氏控诉子路。

注释

①公伯寮：鲁人，字子周，也是孔子的学生。愬（sù）：同"诉"，告发，诽谤。季孙：鲁国的大夫。②子服景伯：鲁国大夫，姓子服名伯，"景"是他的谥号。③夫子：指季孙。④肆：陈列尸首。

译文

公伯寮向季孙氏控诉子路。子服景伯把这件事告诉了孔子，说："季孙氏已经被公伯寮迷惑了，我的力量还能让公伯寮的尸首在街头示众。"

孔子说："道将要实行，是由天命决定的；道将要被废弃，也是由天命决定的。公伯寮能把天命怎么样呢？"

子曰："贤者辟世①，其次辟地，其次辟色，其次辟言。"子曰："作者七人矣②。"

题解

这一章又一次表明了孔子重生全身的思想。这里讲的为人处世的道理，在历史上是很有作用的。

注释

①辟（bì）：通“避”，逃避。②七人：即伯夷、叔齐、虞仲、夷逸、朱张、柳下惠、少连。

译文

孔子说：“贤人逃避恶浊乱世而隐居，其次是择地方而住，再其次是避开不好的脸色，再其次是避开恶言。”孔子说：“这样做的人只有七位。”

子曰：“上好礼，则民易使也。”

题解

本章是在说明上行下效的道理，这是孔子反复向执政者讲解的为政之道。

译文

孔子说：“居上位的人遇事依礼而行，民众就容易役使了。”

子路问君子。子曰：“修己以敬。”曰：“如斯而已乎？”曰：“修己以安人①。”曰：“如斯而已乎？”曰：“修己以安百姓②。修己以安百姓，尧、舜其犹病诸③！”

题解

此章孔子谈的仍是君子要注重修身的道理。从自己做起，自己心诚，对人尊敬，这是立身处世和管理政事的根本。

注释

①安人：使别人安乐。②安百姓：使百姓安乐。③病：这里有“难”的意思。诸：“之于”的合音。

译文

子路问怎样做才是君子。孔子说：“修养自己以做到恭敬认真。”子路说：“像这样就可以了吗？”孔子说：“修养自己并且使他人安乐。”子路又问：“像这样就可以了吗？”孔子说：“修养自己并且使百姓安乐。修养自己，使百姓都安乐，尧、舜大概都担心很难完全做到吧！”

原壤夷俟[1]。子曰：“幼而不孙弟[2]，长而无述焉，老而不死，是为贼[3]！”以杖叩其胫。

题解

此章中孔子批评了一生无所作为而又不尊重人的人。当然，带有诙谐的口吻，他与原壤关系不错。原壤是孔子自幼就熟识的故人，为人放浪形骸，不守礼法。孔子前去拜访他，依礼原壤应当出门迎接的，可他不但不出迎，反而两腿平伸，坐着迎客。孔子注重礼仪，故见到原壤如此行为，就不客气地数落他的不长进。

注释

①原壤：鲁国人，孔子的老朋友。夷俟：伸腿坐着等待。②孙弟：同“逊悌”，孝悌。③贼：害人的人。

译文

原壤伸开两腿坐着等孔子。孔子说：“你小时候不谦恭不敬兄长，长大了没有什么值得称述的，老了还不死掉，真是个害人的家伙。”说完，用手杖敲击他的小腿。

阙党童子将命[1]。或问之曰：“益者与？”子曰：“吾见其居于位也[2]，见其与先生并行也[3]，非求益者也，欲速成者也。”

题解

此章表明孔子特别注重教育年轻人要注重礼制，长幼有序是儒家的道德规范之一。孔子从阙党童子的言行举止上判断出他不是一个追求上进的人，而是一个急于求成的人。因为真正追求上进的人，会注重自己的德行修养，表现在外就是待人谦逊，处事恭敬，行为举止都在规矩法度之中。

注释

①阙党：孔子在鲁国所居地名，又叫阙里。②居于位：据《礼记·玉藻》："童子无事则立主人之北南面。"可见居于位不合乎当时礼节。③并行：据《礼记·曲礼》："五年以长，则肩随之。"童子和先生并行，也不合礼。

译文

阙党的一个童子来传递信息。有人问孔子："这是一个求进益的人吗？"孔子说："我看见他坐在成人的席位上，看见他和长辈并肩而行。他不是一个求进益的人，而是一个急于求成的人。"

孔子与人议论阙党童子。

卫灵公篇第十五

卫灵公问陈于孔子①。孔子对曰："俎豆之事②，则尝闻之矣；军旅之事，未之学也。"明日遂行。

题解

俎、豆是礼器。孔子是主张和平的，反对用战争的方式解决争端。所以当卫灵公向孔子询问军阵之事时，他便回答说只知礼仪，不懂军旅。实际上孔子不是不重视军事，而是不愿意谈论军旅，他是想倡导仁政，以孝为根本来教化人。

注释

①陈：同"阵"，军队作战时，布列的阵势。②俎豆：古代盛肉食的器皿，用于祭祀，此处译为礼仪之事。

译文

卫灵公向孔子询问排兵布阵的方法。孔子回答说："祭祀礼仪方面的事情，我听说过；用兵打仗的事，我从来没有学过。"第二天就离开了卫国。

在陈绝粮，从者病，莫能兴。子路愠见，曰："君子亦有穷乎？"子曰："君子固穷，小人穷斯滥矣。"

题解

这是孔子告诉人们怎样渡过困难的一句名言。人生在世难免有窘困的时候，面对困窘的境遇，孔子认为重要的是要坚持理想和操守。子路的愤怒并非没有道理，自己一心秉持德行和操守，却陷入窘困的境地，无所通达，而作恶多端的人反而过着锦衣玉食的优裕生活，故开始质疑自己一直所坚守的信念。孔子回答他说，君子固然也有困窘的时候，但还是能以道自处，不同于小人一到窘困之时就乱了心性，胡作非为。

译文

孔子在陈国断绝了粮食，跟从的人都饿病了，躺着不能起来。子路生气地来见孔子说："君子也有困窘没有办法的时候吗？"孔子说："君子在困窘时还能固守正道，小人一困窘就会胡作非为。"

子曰："由！知德者鲜矣。"

题解

"道"是体，"德"是用，有道有德修养才会全面，这里孔子是在教育子路，修身要从"德"这个根本做起。

译文

孔子说："仲由！知晓德的人太少了。"

子曰："无为而治者，其舜也与？夫何为哉①？恭己正南面而已矣。"

题解

舜是孔子心目中理想的圣王。孔子之所以十分赞赏大舜无为而治的政治，是因为留恋三代的礼治。舜对人对事小心恭敬，安闲从容地施以仁政，故能无为而治。

无为而治的舜帝。

注释

①夫（fú）：他。

译文

孔子说："无为而使天下得到治理的人，大概只有舜吧？他做了什么呢？

子曰："可与言而不与之言[1]，失人[2]；不可与言而与之言，失言[3]。知者不失人[4]，亦不失言。"

题解

这也是孔子关于知人与慎言的一段名言。失人与失言都是不智，要善于把握一个度。孔子注重慎言，说话讲究区分场合和时机。该说的时候不说就是隐瞒，不该说的时候却说了就是躁动。问题的关键在于，自己要有知人之明，而且善于察言观色，判断时机。

孔子认为，聪明的人不错失人才，也不说错话。

注释

①与言：与他谈论。言，谈论。②失人：错失人才。③失言：说错话。④知：通"智"，明智，聪明。

译文

孔子说："可以和他谈的话但没有与他谈，这是错失了人才；不可与他谈及却与他谈了，这是说错了话。聪明的人不错过人才，也不说错话。"

子曰："志士仁人，无求生以害仁，有杀身以成仁。"

题解

孔子在这里对"志士仁人"提出了最高的要求，认为"志士仁人"要有献身理想的愿望和勇敢。孔子热爱生命，总是主张人应该保全自身，要"危邦不入，乱邦不居"等，但在面对"仁"时，则没有丝毫的苟且，因为"仁"是至高的道德境界。这种"杀身以成仁"的精神激励了后世无数仁人志士。

译文

孔子说："志士仁人，不会为了求生损害仁，却能牺牲生命去成就仁。"

颜渊问为邦。子曰："行夏之时[①]，乘殷之辂[②]，服周之冕[③]，乐则《韶》《舞》[④]，放郑声，远佞人[⑤]。郑声淫，佞人殆[⑥]。"

题解

颜渊问如何治理国家，孔子以礼乐答之。主张继承历代政制的优点，实行夏朝的历法，乘坐殷朝的车子，戴着周朝的礼帽，音乐用《韶》《舞》。孔子的政治理想是恢复周礼，其实就是要建设一个有秩序的国家，让百姓过上健康的、有文化的、和乐的生活。

注释

①夏之时：夏代的历法，便于农业生产。②辂（lù）：天子所乘的车。殷代的车由木制成，比较朴实。③冕（miǎn）：礼帽。周代的礼帽比以前的华美。④《韶》：舜时的乐曲。《舞》：同《武》，周武王时的乐曲。⑤佞人：用花言巧语去谄媚人的人。⑥殆：危险。

译文

颜渊问怎样治理国家。孔子说："实行夏朝的历法，乘坐殷朝的车子，戴周朝的礼帽，音乐就用《韶》和《舞》，舍弃郑国的乐曲，远离谄媚的人。郑国的乐曲很淫秽，谄媚的人很危险。"

子曰："人无远虑，必有近忧。"

题解

本章孔子所说的两句是一个重要的思想方法，有着永恒的价值，已经被后人当作成语来使用。它提醒人们看问题应从长远着眼，否则，眼前就会发生困难。人能谋虑深远，思考成熟，就会办事周详，及时预防流弊，就能让忧患之事不靠近。

译文

孔子说："人没有长远的考虑，一定会有眼前的忧患。"

> 子曰："已矣乎！吾未见好德如好色者也。"

题解

爱美之心人皆有之，好色是不需要提醒的，但是好德就不容易了。据《史记·孔子世家》记载，孔子在卫国时，卫灵公与夫人南子同坐一辆车出行，让孔子跟随在后一辆车中，一路招摇过市，孔子于是生发出这样的感慨。

译文

孔子说："罢了罢了！我没见过喜欢美德如同喜欢美色一样的人。"

> 子曰："躬自厚而薄责于人①，则远怨矣。"

题解

这一章孔子提出人应该严格要求自己，而不要苛求他人这一做人的原则，是能够和谐处事的根本。

人往往容易对自己的错误将就，对他人的过错却不加体谅，这样难免会引起他人的憎恶和怨恨。通过厚责自己来完善自己，宽宏大量地对待他人，方能得到他人的信赖和尊重。

孔子认为，君子应该严以律己，宽以待人。

注释

①躬自：亲自。

译文

孔子说："严厉地责备自己而宽容地对待他人，就可以远离他人的怨恨。"

子曰："不曰'如之何，如之何'者，吾末如之何也已矣①。"

题解

这一章孔子用颇为幽默的语言，讲述了人要认真对待事情，要三思而后行的道理。面对问题时，应该去积极寻求解决的途径和方法。不想想"怎么办，怎么办"的人，凭着冲动和臆测行事，总是对什么都说没问题的人，经常是大有问题而不太可靠的人。对这样的人，即使圣明如孔子，也拿之没办法。

注释

①末：无。

译文

孔子说："不说'怎么办，怎么办'的人，我对他也不知道该怎么办了。"

子曰："群居终日，言不及义，好行小慧，难矣哉！"

题解

此章孔子说的现象恐怕两千多年来所在多有，往往是小人扎堆，所谈论的不过是蜚短流长，言不及义，只喜欢耍小聪明。因此，世人若想有所成就，都要以此为箴言。

译文

孔子说："整天聚在一起，言语都和义理不相关，喜欢卖弄小聪明，这种人很难教导。"

子曰："君子义以为质，礼以行之，孙以出之，信以成之。君子哉！"

题解

这一章孔子提出了君子的四条行为准则。以道义作为修身的本质，并以礼制作为载体来运行，通过谦逊来表达，通过诚信来圆满地完成。

译文

孔子说："君子把义作为本质，依照礼来实行，用谦逊的言语来表述，用诚信的态度来完成它。这样做才是君子啊！"

子曰："君子病无能焉，不病人之不己知也。"

题解

在此章中孔子又一次强调了自强的重要性。

译文

孔子说："君子担心自己没有才能，不担心他人不知道自己。"

子曰："君子疾没世而名不称焉。"

题解

传名于后世，是对于人生的激励。有理想、有抱负的人，都应该做如是想。

译文

孔子说："君子担心死后自己的名字不被人称道。"

子曰："君子求诸己，小人求诸人。"

题解

此章与孔子说的"躬自厚而薄责于人"是一个意思。正人先正己，这是君子应该做到的。勇于面对和承认自己的错误的人，才是敢于承担责任的人。因为这样的人总能从自己身上找到原因，自己身上没有过失，其德行自然可以感化他人，赢得他人的尊重和信赖。

译文

孔子说："君子要求自己，小人苛求他人。"

子曰："君子矜而不争[①]，群而不党。"

题解

孔子认为，君子应该矜持庄重而不与人争执。

其实孔子所坚持的为人之道就是自尊、仁爱和理性。"矜而不争"，是以理来自律，而非以气势凌人，所以不至于与人相争；"群而不党"是与人为善，不搞拉帮结派，这些都是一个正直君子所当为的。

注释

①矜（jīn）：庄重的意思。

译文

孔子说："君子矜持庄重而不与人争执，合群而不与人勾结。"

子曰："君子不以言举人，不以人废言。"

题解

此章孔子论述的待人处世之道是非常有道理的。推举人要重实绩，不能一概而论、以偏概全，不能使工于言辞却无实行的巧言者得幸当道，也不能因为那人有缺点就废弃了他有益的建言。

译文

孔子说："君子不因为一个人的言语（说得好）而推举他，也不因为一个人有缺点而废弃他好的言论。"

子贡问曰："有一言而可以终身行之者乎[①]？"子曰："其'恕'乎[②]！己所不欲，勿施于人。"

题解

孔子认为，“恕”是一个人可以终身奉行的法则。所谓“恕”，就是将心比心，能够始终体谅和理解他人，常常为他人设身处地地考虑。“己所不欲，勿施于人”这句格言具有普世的意义。

注释

①一言：一个字。言，字。②恕：推己及人，即“己所不欲，勿施于人”。

译文

子贡问道：“有一个可以终身奉行的字吗？”孔子说：“大概是‘恕’吧！自己不想要的，不要施加给他人。”

子曰：“吾之于人也，谁毁谁誉？如有所誉者，其有所试矣。斯民也，三代之所以直道而行也。”

题解

在此章中孔子告诉人们，对人不能随意加以毁誉，要实事求是地评价其功过是非。孔子认为夏商周三代的贤人以直道行事，是经得起时间考验的，故为后世所向往。

译文

孔子说：“我对于他人，毁谤了谁？赞誉了谁？如果有所赞誉的话，一定对他有所考察。因为有这样的民众，所以夏、商、周三代能直道而行。”

孔子认为，功过是非，不可随意毁誉。

子曰：“巧言乱德。小不忍，则乱大谋。”

题解

本章孔子的这段名言是做大事的人的座右铭。务实、忍耐、顾大局，这不是软弱的表现，而正是有志于做大事的人必备的素养。巧言不仅动听，而且能把无理说成有理，足以扰乱、败坏人的德行。而人正是因为轻易听信了身边某些人的巧言说辞，或逞一时意气，或行妇人之仁，结果一念之差，在小的事情上没有克制自己，扰乱了原来的部署和谋略，致使功败垂成。

译文

孔子说："花言巧语会败坏道德。小事不忍耐，就会扰乱了大的谋略。"

子曰："众恶之，必察焉；众好之，必察焉。"

题解

孔子认为，在知人论世上必须独立思考，对一个人不应该以众人之是非标准来决定自己的是非判断，一定要实事求是地进行考察。人言可畏，众人之论未必出于公，公论也未必尽出于众人之口。舆论未必完全可信，不能人云亦云，必须切实地加以辨析和核查。

孔子认为，对一个人的评价不能附众之毁誉，必须详加观察。

译文

孔子说："众人都厌恶他，一定要去考察；大家都喜爱他，也一定要去考察。"

子曰："人能弘道，非道弘人。"

题解

这一章说明人必须首先提高自身的修养，才可以把道发扬光大；而不能用道来装点门面，标榜自己。

译文

孔子说："人能够把道发扬光大，不是道能把人发扬光大。"

子曰："过而不改，是谓过矣。"

题解

人非圣贤，孰能无过？有过错并不可怕，可怕的是明明知道自己做错了，却一味不思悔改、不加补救，那就无法挽回了。人的进步是在不断修正自身的错误的过程中完成的，所以人们对待错误应持的唯一正确态度是及时改正。

译文

孔子说："有了过错而不改正，这就真叫作过错了。"

子曰："君子谋道不谋食。耕也，馁在其中矣①；学也，禄在其中矣。君子忧道不忧贫。"

题解

孔子这段话的中心意思是在劝学，劝学者不要将心思只放在食与禄上。君子谋求的不只是生计，而且是要谋求真理和正道，心中所忧虑担心的是道能否推行，而不是贫穷和饥饿。

注释

①馁（něi）：饥饿。

译文

孔子说："君子谋求的是道而不是衣食。耕作常常会饥饿；学习往往得到俸禄。君子担忧是否能学到道，不担忧贫穷。"

子曰："知及之[①]，仁不能守之，虽得之，必失之。知及之，仁能守之，不庄以涖之[②]，则民不敬。知及之，仁能守之，庄以莅之，动之不以礼，未善也。"

题解

此章孔子提出了一个合格的执政者所应具备的品质和治国理政的四条标准：首先要有治国的智慧，再追求仁德爱民，然后怀着庄严敬畏的态度去对待，最后是依照礼法而动。

注释

①知：通"智"。②涖：通"莅"，临，到。

译文

孔子说："靠聪明才智得到它，不用仁德去保持它，即使得到了，也一定会丧失。靠聪明才智得到它，用仁德守住它，但不以庄重的态度来行使职权，那么民众就不敬畏。靠聪明才智得到它，用仁德保持它，能以庄重的态度来行使职权，但不能按照礼来动员，也是不完善的。"

子曰："君子不可小知，而可大受也。小人不可大受，而可小知也。"

题解

本章孔子讲的还是要知人善任的道理。要懂得如何使用人才，关键是要有知人之明。君子才智深广、德行深厚，但在做一些具体的小事上未必可观，其才德却可以担当重任；小人虽然器量狭小，却也未必一无是处，在一些小事上可能有其长处。

孔子认为，对君子可以授以重任。

译文

孔子说："君子不可以用小事来察知，却可以授以重任；小人不可以承担重任，却可以用小事来察知。"

子曰："民之于仁也，甚于水火。水火，吾见蹈而死者矣，未见蹈仁而死者也。"

题解

此章孔子强调了仁是人生和社会得以健康发展的根本，它是有益于人和社会的，但是人们往往认识不到它的重要性。

译文

孔子说："民众对于仁的需要，超过对水火的需要。水和火，我看见有人死在里面，却没有见过有为实行'仁'而死的。"

子曰："当仁，不让于师。"

题解

这段是孔子的名言，为所有行仁道、为壮举、力求上进的人鼓足了底气。在仁面前，众人平等，不必谦让于师长。

译文

孔子说："面临仁时，对老师也不必谦让。"

子曰："君子贞而不谅[①]。"

题解

孔子注重"信"的道德原则，但又说明了它必须以"道"为前提，即在仁和礼的基础上坚持"信"。

注释

①贞：正，指固守正道。谅：信，指不分是非而守信。

译文

孔子说："君子讲大信，而不拘泥于遵守小信。"

子曰："事君，敬其事而后其食。"

题解

先人后己，首先要诚敬地付出，然后再谦逊地得到，这就是"礼"。在孔子看来，食君之禄，担君之忧，要诚敬地对待自己的职责，在自己有所贡献前不提酬报之事。

译文

孔子说："侍奉君主，应该认真做事，而把领取俸禄的事放在后面。"

子曰："有教无类。"

题解

正是孔子这种"有教无类"的伟大的教育思想，在春秋时代把贵族文化普及到了平民。

译文

孔子说："人人都教，没有高低贵贱的等级差别。"

子曰："道不同，不相为谋①。"

题解

这是千古不易的箴言。志向不同，意见不合，不能在一起共同办事。

注释

①为（wèi）：与，对。

孔子认为，志向主张不同，就不能在一起谋划共事。

译文

孔子说："志向主张不同，不能在一起谋划共事。"

子曰："辞达而已矣。"

题解

在本章中，孔子强调辞贵达意，不取言辞的虚浮和绮丽，这是非常健康的语言观。

译文

孔子说："言辞能表达出意思就可以了。"

季氏篇第十六

季氏将伐颛臾[1]。冉有、季路见于孔子[2]，曰："季氏将有事于颛臾。"孔子曰："求！无乃尔是过与[3]？夫颛臾，昔者先王以为东蒙主[4]，且在邦域之中矣，是社稷之臣也。何以伐为[5]？"冉有曰："夫子欲之，吾二臣者皆不欲也。"孔子曰："求！周任有言曰[6]：'陈力就列，不能者止。'危而不持，颠而不扶，则将焉用彼相矣[7]？且尔言过矣。虎兕出于柙[8]，龟玉毁于椟中，是谁之过与？"

冉有曰："今夫颛臾，固而近于费[9]。今不取，后世必为子孙忧。"孔子曰："求！君子疾夫舍曰'欲之'，而必为之辞。丘也闻：有国有家者，不患寡而患不均，不患贫而患不安[10]。盖均无贫，和无寡，安无倾。夫如是，故远人不服，则修文德以来之。既来之，则安之。今由与求也相夫子，远人不服而不能来也，邦分崩离析而不能守也，而谋动干戈于邦内。吾恐季孙之忧，不在颛臾，而在萧墙之内也[11]。"

题解

孔子是主张以仁和礼来解决争端的，提倡"和为贵"，反对通过暴力手段解决国家内外的问题。此章孔子还提出了"不患寡而患不均，不患贫而患不安"的思想，让人民安乐，让社会均富，这种思想对中国古代文化和中国人的心理影响深远。从这章还可以看出，孔子平日对弟子温和可亲，但在遇到原则性的问题时从不姑息容忍。他对季氏发动不

孔子弟子讨论季氏将伐颛臾之事。

义的战争进行谴责，也对冉求、季路两位学生一味地推诿、狡辩进行了严厉的驳斥。

注释

①颛（zhuān）臾（yú）：鲁国的附属国，在今山东省费县西。②见于：被接见。③无乃：岂不是。尔是过：责备你。“过”用作动词，表示责备。“是”用于颠倒动宾之间，无义。④东蒙主：东蒙，蒙山。主，主持祭祀的人。⑤为：用于句末的语气词。这里表诘问语气。⑥周任：人名，周代史官。⑦相（xiàng）：搀扶盲人的人叫相，这里是辅助的意思。⑧兕（sì）：雌性犀牛。⑨费：季氏的采邑。⑩不患寡而患不均，不患贫而患不安：当作“不患贫而患不均，不患寡而患不安”。据俞樾《群经平议》。⑪萧墙：照壁屏风，指宫廷之内。

译文

季氏准备攻打颛臾。冉有、子路去拜见孔子，说：“季氏准备对颛臾用兵了。”孔子说：“冉求！这难道不是你的过错吗？颛臾，以前先王让它主持东蒙山的祭祀，而且它在鲁国的疆域之内，是国家的臣属，为什么要攻打它呢？”冉有说：“季孙大夫想去攻打，我们两人都不同意。”孔子说：“冉求！周任说过：‘根据自己的才力去担任职务，不能胜任的就辞职不干。’盲人遇到了危险不去扶持，跌倒了不去搀扶，那还用辅助的人干什么呢？而且你的话说错了。老虎、犀牛从笼子里跑出来，龟甲和美玉在匣子里被毁坏了，是谁的过错呢？”

冉有说：“现在颛臾，城墙坚固，而且离季氏的采邑费地很近。现在不攻占它，将来一定会成为子孙的祸患。”孔子说：“冉求！君子痛恨那些不说自己想那样做却一定要另找借口的人。我听说，对于诸侯和大夫，不怕贫穷而怕财富不均；不怕人口少而怕不安定。因为财富均衡就没有贫穷，和睦团结就不觉得人口少，境内安定就不会有倾覆的危险。如果这样做，远方的人还不归服，那就再修仁义礼乐的政教来招致他们。他们来归服了，就让他们安心生活。现在，仲由和冉求你们辅佐季孙，远方的人不归服却又不能招致他们；国家分崩离析却不能保全守住；反而谋划在国内动用武力。我担心季孙的忧患不在颛臾，而在他自己的宫墙之内呢。”

孔子曰："天下有道，则礼乐征伐自天子出；天下无道，则礼乐征伐自诸侯出。自诸侯出，盖十世希不失矣；自大夫出，五世希不失矣；陪臣执国命，三世希不失矣。天下有道，则政不在大夫。天下有道，则庶人不议。"

题解

此章是孔子对春秋时期的政治形势的分析。他十分赞赏"天下有道"的尧、舜、禹、汤以及西周时代，因为那时礼乐征伐出自天子。"天下无道"则在周平王东迁之后，此后王室衰微，诸侯争霸称雄，周天子已经无发号施令的力量了。鲁国自季氏专权，由家臣专政，人心和社会秩序一路衰败，社会危机四伏。"天下有道，则庶人不议"，这句话给执政者们非常有益的警示。

天下无道，则百姓议论纷纷。

译文

孔子说："天下政治清明，制礼作乐以及出兵征伐的命令都由天子下达；天下政治混乱，制礼作乐以及出兵征伐的命令都由诸侯下达。政令由诸侯下达，大概延续到十代就很少有不丧失的；政令由大夫下达，延续五代后就很少有不丧失的；大夫的家臣把持国家政权，延续到三代就很少有不丧失的。天下政治清明，国家的政权就不会掌握在大夫手中；天下政治清明，普通百姓就不会议论朝政。"

孔子曰："益者三友，损者三友。友直，友谅①，友多闻，益矣。友便辟②，友善柔，友便佞③，损矣。"

题解

此章孔子讲的交友之道，所提出的标准至今都有非常重要的参考价值。

注释

①谅：诚信。②便（pián）辟：逢迎谄媚。③便（pián）佞：用花言巧语取悦于人。

译文

孔子说："有益的朋友有三种，有害的朋友有三种。同正直的人交友，同诚信的人交友，同见闻广博的人交友，是有益的。同逢迎谄媚的人交友，同表面柔顺而内心奸诈的人交友，同花言巧语的人交友，是有害的。"

孔子曰："益者三乐，损者三乐。乐节礼乐，乐道人之善，乐多贤友，益矣。乐骄乐，乐佚游[①]，乐宴乐，损矣。"

题解

这一章讲的是孔子的快乐观。孔子认为，健康的快乐观应该是以道德修养为要旨和依归的。以礼节乐，乐道人善，乐交贤友，都是有益的快乐，真正的快乐。而乐骄乐、乐佚游、乐宴乐都与德有损，过度则对养生有害，是不值得提倡的，因而也不是有益的。

注释

①佚：放荡。

译文

孔子说："有益的快乐有三种，有害的快乐有三种。以用礼乐调节自己为乐，以称道人的好处为乐，以有很多德才兼备的朋友为乐，是有益的。以骄纵享乐为乐，以放荡游乐为乐，以宴饮无度为乐，是有害的。"

孔子曰："侍于君子有三愆[①]：言未及之而言，谓之躁；言及之而不言，谓之隐；未见颜色而言，谓之瞽[②]。"

题解

此章孔子谈的是与君子交往中的适言问题。说话是一门艺术，把话说好并不是一件容易的事，这里孔子给了我们一些有益的指导：说话应择时择人，视情况而定。

注释

①愆（qiān）：过失。②瞽（gǔ）：眼睛瞎。

译文

孔子说："侍奉君子容易有三种过失：没有轮到他发言而发言，叫作急躁；到该说话时却不说话，叫作隐瞒；不看君子的脸色而贸然说话，叫作盲目。"

孔子曰："君子有三戒：少之时，血气未定，戒之在色；及其壮也，血气方刚，戒之在斗；及其老也，血气既衰，戒之在得[①]。"

题解

孔子按照人在少年、壮年、老年的不同生理和心理特点，分别提出了君子修身养性的重点。少年时身体内的血气尚未充实，容易贪恋美色，而色欲最损血气，故须戒色。到了壮年时，血气方刚，最容易犯争强好胜之心，易生祸端，故戒之在斗。晚年时身体血气已衰，体力不济，容易贪恋名位利禄，患得患失，而世间之祸多因贪起，所以要戒得。

注释

①得：贪得，包括名誉、地位、财货等。

译文

孔子说："君子有三件事应该警惕戒备：年少的时候，血气还没有发展稳定，要警戒迷恋女色；壮年的时候，血气正旺盛，要警戒争强好斗；到了老年的时候，血气已经衰弱，要警戒贪得无厌。"

孔子曰："君子有三畏：畏天命，畏大人，畏圣人之言。小人不知天命而不畏也，狎大人，侮圣人之言。"

题解

此章孔子讲的是一个人要有敬畏之心才能成为言行高尚的君子，这也是

小人无知，轻视王公大人。

最好的立身处世之道。畏天命是对自然规律的敬畏，因为顺之则吉，逆之则凶。畏大人是对有德有位者的敬畏，因为他们负责治理国家，位高权重，维护着社会的秩序，稍有差错，便会祸及百姓。畏圣人是因为圣人的话具有万古不易的道理，指出了人生应该遵循之道，违背了就会有灾祸，足以使人敬畏。

译文

孔子说："君子有三种敬畏：敬畏天命，敬畏王公大人，敬畏圣人的言论。小人不知道天命，所以不敬畏它，轻视王公大人，侮慢圣人的言论。"

孔子曰："生而知之者，上也；学而知之者，次也；困而学之，又其次也；困而不学，民斯为下矣。"

题解

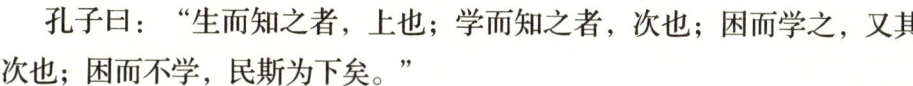

孔子把人对于知识的追求分为"生而知之""学而知之""困而学之""困而不学"四等，他从来都不承认自己是"生而知之者"，总是鼓励人们要勤奋学习，孜孜不倦。

译文

孔子说："生来就知道的，是上等；经过学习后才知道的，是次等；遇到困惑疑难才去学习的，是又次一等；遇到困惑疑难仍不去学习的，这种人就是下等的了。"

孔子曰："君子有九思：视思明，听思聪，色思温，貌思恭，言思忠，事思敬，疑思问，忿思难，见得思义。"

题解

此章孔子谈的这个九思，从人的言行举止各个方面系统而具体地讲解了君子的道德规范。孔子非常重视道德修养问题，要求自己和学生的一言一行都要遵循这九个方面的规范。

译文

孔子说："君子有九种思考：看的时候要思考看明白了没；听的时候要思考听清楚了没；待人接物时，要想想脸色是否温和，样貌是否恭敬；说话时要想想是否忠实；做事时要想想是否严肃认真；有疑难时要想着询问；气愤发怒时要想想可能产生的后患；看见可得的要想想是否合于义。"

孔子曰："见善如不及，见不善如探汤。吾见其人矣，吾闻其语矣。隐居以求其志，行义以达其道。吾闻其语矣，未见其人也。"

题解

此章讲的是一个人进行自我道德修养应该保持高度的自觉性和紧迫感。

译文

孔子向众弟子阐释改过迁善、完善自我的修身之道。

孔子说："见到善的行为，就像怕赶不上似的去努力追求；看见不善的行为，就像手伸进了沸水中那样赶快避开。我看见过这样的人，也听到过这样的话语。隐居起来以求保全自己的志向，按照义的原则行事以贯彻自己的主张。我听到过这样的话语，却没见过这样的人。"

阳货篇第十七

阳货欲见孔子①，孔子不见，归孔子豚②。孔子时其亡也③，而往拜之。遇诸途。谓孔子曰：“来！予与尔言。”曰：“怀其宝而迷其邦，可谓仁乎？曰：“不可。”“好从事而亟失时④，可谓知乎⑤？”曰：“不可。”“日月逝矣，岁不我与。”孔子曰：“诺，吾将仕矣。”

题解

此章记载了孔子和鲁国的权奸阳货的一段交往经历。在这当中，孔子表现了其处事的原则性和灵活性。阳货为季氏的家臣，季氏数代把持鲁国朝政，阳货此时又把持着季氏家族实权，正是孔子所说的“陪臣执国命”状况。他要见孔子，意在使孔子助己为乱。孔子虽然回避，却在半道上遇见了，阳货邀请孔子出仕，说得头头是道，孔子心知其非，口中唯唯诺诺，却坚守了自己“有所为，有所不为”的参政原则。

孔子与阳货相遇于途。

注释

①阳货：又叫阳虎，季氏的家臣。此时他正把持着季氏的权柄，曾经将季桓子拘禁起来而企图把持鲁国国政。后篡权不成逃往晋国。见：用作使动词，“见孔子”为“使孔子来见”。②归（kuì）：通“馈”，赠送。豚：小猪。古代礼节，大夫送士礼品，士必须在大夫家里拜受礼物。③时：通“伺”，窥伺，打听。④亟（qì）：屡次。⑤知（zhì）：通“智”。

译文

阳货想要孔子去拜见他，孔子不去拜见，他便送给孔子一头蒸熟了的小猪。孔子打听到他不在家时，前往他那里去回拜表谢。却在途中遇见阳货。阳货对孔子说：“来！我同你说话。”孔子走过去，阳货说：“一个人怀藏本领却听任国家迷乱，可以叫作仁吗？”孔子说：“不可以。”“喜好参与政事而屡次错失时机，可以叫作聪明吗？”孔子说：“不可以。”“时光很快地流逝了，岁月是不等人的。”孔子说：“好吧，我将去做官了。”

子曰：“性相近也，习相远也。”

题解

后世的启蒙读物《三字经》中的第一句话就源于孔子的这一句名言，表述了孔子注重后天教育的思想，这也是他“有教无类”的教育思想的哲学基础。

译文

孔子说：“人的本性是相近的，后天的习染使人与人之间相差甚远。”

子曰：“唯上知与下愚不移。”

题解

此章实际是上一章的补充，其主旨都是在劝学，侧重人学习的自觉性。学而知之，困而学之，都是可以变愚为智的。只有困而不学的人，其愚笨才是不可改变的。

译文

孔子说：“只有上等的智者与下等的愚人是改变不了的。”

子之武城[①]，闻弦歌之声[②]。夫子莞尔而笑[③]，曰：“割鸡焉用牛刀？”子游对曰：“昔者偃也闻诸夫子曰：‘君子学道则爱人，小人学道则易使也。’”子曰：“二三子！偃之言是也。前言戏之耳。”

题解

孔子过武城，见武城之人弦歌不辍。

此章孔子借一次和子游的玩笑阐述了礼乐教化民众的意义和作用。子游做了武城的邑宰，实施庠序教化，学习礼乐的人很多，弦歌不辍。孔子到武城，听到弦歌声，便用“割鸡焉用牛刀”来开玩笑，大约是孔子有感于当时连大国都没有这般喜好礼乐的情况，在武城这个小小地方却有礼乐教化。从中亦可见孔子言语诙谐轻松的一面。

注释

①武城：鲁国的一个小城，当时子游是武城宰。②弦歌：以琴瑟伴奏歌唱。弦，指琴瑟。③莞（wǎn）尔：微笑的样子。

译文

孔子到了武城，听到管弦和歌唱的声音。孔子微笑着说：“杀鸡何必用宰牛的刀呢？”子游回答说：“以前我听老师说过：‘君子学习了道就会爱人，老百姓学习了道就容易使唤。’”孔子说：“学生们，言偃的话是对的。我刚才说的话是同他开玩笑罢了。”

公山弗扰以费畔①，召，子欲往。子路不说，曰：“末之也已②，何必公山氏之之也③。”子曰：“夫召我者，而岂徒哉？如有用我者，吾其为东周乎！”

题解

据《史记·孔子世家》记载，公山不狃以家臣的身份反叛季氏，理由可能是为了支持鲁君。孔子欲应公山不狃之召前去，是为了行仁道于世，也即“吾其为东周乎”。可见孔子用礼治世的迫切愿望。

注释

①公山弗扰：人名，又称公山不狃，字子洩，季氏的家臣。当时公山弗扰伙同阳货在费邑背叛季氏。畔：通“叛”。②末之也已：末，无。之，到、往。末之，无处去。已，止、算了。③之之也：第一个“之”字是助词，后一个“之”字是动词，“去、到”的意思。

孔子向子路解释应公山弗扰之召的原因。

译文

公山弗扰在费邑叛反，召孔子，孔子准备前往。子路不高兴，说：“没有地方去就算了，何必到公山氏那里去呢？”孔子说：“那召我去的人，岂会让我白去一趟吗？如果有任用我的人，我就会使周朝的政德在东方复兴。”

佛肸召①，子欲往。子路曰：“昔者由也闻诸夫子曰：‘亲于其身为不善者，君子不入也。’佛肸以中牟畔②，子之往也，如之何？”子曰：“然。有是言也。不曰坚乎，磨而不磷③；不曰白乎，涅而不缁④。吾岂匏瓜也哉？焉能系而不食？”

题解

佛肸在中牟发动叛乱，想召孔子前往。孔子之所以应召想去，主要也是急于用世，急于行仁道于天下，并且坚信自己可以出淤泥而不染。

注释

①佛肸（xī）：晋国大夫赵简子的家臣，中牟邑宰。

孔子向子路阐释六种品德的弊病。

②中牟：春秋时晋邑。故址在今河北邢台和邯郸之间。③磷（lìn）：薄，损伤。④涅（niè）：黑土，黑色染料。这里作动词，用黑色染料染物。缁（zī）：黑色。

译文

佛肸召孔子，孔子打算前往。子路说："以前我从老师这里听过：'亲自行不善的人，君子是不会去的。'佛肸在中牟发动叛乱，您要去，这是怎么回事呢？"孔子说："是的，我有讲过这样的话。但不是说过坚硬的东西，磨也磨不损吗？不是说过洁白的东西，染也染不黑吗？我难道是只苦葫芦么，怎么能够悬挂在那里却不可食用呢？"

子曰："小子何莫学夫《诗》①？《诗》，可以兴，可以观②，可以群，可以怨③。迩之事父，远之事君；多识于鸟兽草木之名。"

题解

此章孔子讲了学习《诗经》三百篇的重要性。从这里我们也可以加深对这部诗歌总集的理解和认识。

孔子教诲弟子要学习《诗经》。

"兴、观、群、怨"是孔子对《诗经》的社会作用的高度概括，在孔子以后成为中国传统文艺批评的标准。其中"兴"是指艺术的联想感发，"观"是指借诗可以观察天地万物和人间万象，"群"是指诗歌可以使人合群、交流思想感情，"怨"是指诗歌可以表达对社会不合理现象的不满和批判。

注释

①小子：指学生们。②观：观察力。③怨：讽刺。

译文

孔子说："学生们为什么没有人学《诗经》呢？《诗经》可以激发心志，可以提高观察力，可以培养群体观念，可以学得讽刺方法。近则可以用其中的道理来侍奉父母；远则可以用来侍奉君主，还可以多认识鸟兽草木的名称。"

子谓伯鱼曰："女为《周南》《召南》矣乎[①]？人而不为《周南》《召南》，其犹正墙面而立也与[②]？"

题解

伯鱼就是孔子的儿子孔鲤，《周南》和《召南》是《诗经》中的两篇讲夫妇之道的诗篇，孔子让他的儿子认真学习这两首诗，对于培养伯鱼修身齐家治国的理念是有益处的。

注释

①《周南》《召南》：《诗经·国风》中的第一、二两部分篇名。周南和召南都是地名。这是当地的民歌。②正墙面而立：面向墙壁站立着。

译文

孔子对伯鱼说："你学习《周南》《召南》了吗？一个人如果不学习《周南》《召南》，那就像正对着墙站立一样无法行走。"

子曰："礼云礼云，玉帛云乎哉？乐云乐云，钟鼓云乎哉？"

题解

孔子针对春秋时期权贵奢侈成风，礼乐流于玉帛钟鼓等形式而失去了原有的实质内容等现象，发出了深深的慨叹。

译文

孔子说："礼呀礼呀，仅仅说的是玉器和丝帛吗？乐呀乐呀，仅仅说的是钟鼓等乐器吗？"

子曰："色厉而内荏[①]，譬诸小人，其犹穿窬之盗也与[②]？"

题解

孔子历来欣赏光明正大的人，而对那些表里不一、喜欢虚张声势、故作矜持之态以掩饰内心的欲望和浅薄卑下的小人十分反感，故以"小偷"喻之。小偷凿穿墙洞入内行窃时，身虽前往，内心因却时刻担心被人发现而胆怯，心虚之态昭然若揭。而那些外表严厉内心却怯懦的人，就是这样的情状。

孔子说，色厉而内荏的人，就像挖洞爬墙的盗贼一样。

注释

①荏（rěn）：软弱。②窬（yú）：通“逾”，爬墙。

译文

孔子说：“外表严厉而内心怯懦，用小人做比喻，大概像个挖洞爬墙的盗贼吧。”

子曰：“乡愿[1]，德之贼也[2]。”

题解

孔子斥责“乡愿”，明确地点出这种人欺世盗名，似有德而实无德，极具欺骗性。这也说明孔子的中庸之道并不像后人理解的那样是“骑墙”或“和稀泥”。

注释

①乡愿：乡里多数人认为是忠厚之人。这种人貌似好人，实为与流俗合污以取媚于世的伪善者。愿，忠厚。②贼：毁坏，败坏。

译文

孔子说：“没有真正是非观的好好先生，是道德的败坏者。”

子曰：“道听而途说，德之弃也。”

题解

孔子要求学生对待问题应该持以实践考察为依据的态度，鼓励学生要善于独立思考，道听而途说是违背道德的。

译文

孔子说："把路上听来的东西四处传说，是背弃道德的行为。"

子曰："鄙夫可与事君也与哉？其未得之也，患得之①；既得之，患失之。苟患失之，无所不至矣。"

题解

此章孔子批评了当时一些在朝为官的人，他们一心只想贪禄保官，尚未得到时，唯恐得不到，不择手段，以求能得到。得到后，又唯恐会失去，无所不为来保持不失。这其实说出了一切贪图私利之人的痛处，这种人显然是不称职的。

鄙夫在朝，患得患失。

注释

①患得之：这里是"患不得之"的意思。这是当时楚地的俗语。

译文

孔子说："鄙夫，可以和他们一起侍奉君主吗？他们在未得到职位时，总是害怕得不到；得到职位以后，又唯恐失去。如果老是担心失去职位，就没有什么事做不出来。"

子曰："古者民有三疾，今也或是之亡也①。古之狂也肆，今之狂也荡；古之矜也廉②，今之矜也忿戾；古之愚也直，今之愚也诈而已矣。"

题解

此章孔子将古代具有狂、矜、愚三种毛病的人和当时的这类人相对比，发出了今不如昔、人心不古的感叹。

注释

①是之亡："亡是"的倒装说法，"之"字用在中间，无义。亡，通"无"。②廉：本义是器物的棱角，人的行为刚直不阿也被称为"廉"。

译文

孔子说："古代的百姓有三种毛病，现在或许都没有了。古代的狂人是轻率肆意，现在的狂人则是放荡不羁；古代矜持的人是棱角分明，现在矜持的人是恼羞成怒、强词夺理；古代愚笨的人是憨直，现在愚笨的人是欺诈伪装罢了。"

子曰："恶紫之夺朱也①，恶郑声之乱雅乐也②，恶利口之覆邦家者。"

题解

孔子向子贡阐释无言胜有言的道理。

此章孔子对当时的礼制破坏、是非颠倒、真假混淆的紫之夺朱、郑声乱雅、利口覆邦三种突出的社会政治现象进行了抨击。诸侯本来以红色为衣服的正色，而到了春秋时代，鲁桓公和齐桓公开始穿紫色的衣服，逐渐改变了风气。孔子感慨世道纷乱，对服色、音乐等以偏夺正现象的厌恶，实际上是表达了对那些混淆了礼制、音乐和国家法纪的人的深切痛恨。

注释

①恶（wù）：厌恶。紫之夺朱：朱是正色，紫是杂色。当时紫色代替朱色成为诸侯衣服的颜色。②雅乐：正统音乐。

译文

孔子说："憎恶紫色夺去红色的光彩和地位，憎恶郑国的乐曲淆乱典雅正统的乐曲，憎恶用巧言善辩颠覆国家的人。"

孺悲欲见孔子①，孔子辞以疾②。将命者出户③。取瑟而歌，使之闻之。

题解

这是一段有趣的小故事。孺悲不经人介绍而擅自来见孔子，不合“士相见礼”，故孔子以生病为由拒绝接见。而后孔子又取瑟而歌，实际上是想告诉孺悲自己并没有生病，只是不愿意接见他。希望他碰壁之后，能对自己的行为进行反省。

注释

①孺悲：鲁国人。鲁哀公曾派他向孔子学习士丧礼。②辞以疾：以有病作借口推辞。③将命者：传话的人。

译文

孺悲想拜见孔子，孔子以生病为由拒绝了。传话的人刚出门，孔子便取下瑟来边弹边唱，故意让孺悲听见。

子曰：“饱食终日，无所用心，难矣哉！不有博弈者乎①，为之犹贤乎已②。”

题解

孔子的这段名言是对人们惰性的当头棒喝。孔子重视人生的完满，认为不应该无谓地浪费时间，即便是花些心思玩些博弈之类的游戏，也好过成天无所事事。

注释

①博弈：博，掷骰子。弈，古代围棋。②已：止，不动的意思。

孔子批评那些饱食终日、无所用心的人，认为即便是下下棋也比终日无所事事强。

译文

孔子说："整天吃得饱饱的，什么心思也不用，这就难办了呀！不是有掷骰子下围棋之类的游戏吗？干干这些，也比什么都不干好些。"

子路曰："君子尚勇乎？"子曰："君子义以为上。君子有勇而无义为乱，小人有勇而无义为盗。"

题解

本章说明，人的行为合乎礼就是义，故礼义并称。"义以为上"，勇要服从义，以义为准绳。子路总是好逞勇力，故孔子这样告诫他。

译文

子路说："君子崇尚勇敢吗？"孔子说："君子把义看作最尊贵的。君子有勇无义就会作乱，小人有勇无义就会去做盗贼。"

子贡曰："君子亦有恶乎①？"子曰："有恶。恶称人之恶者，恶居下流而讪上者②，恶勇而无礼者，恶果敢而窒者③。"曰："赐也亦有恶乎？""恶徼以为知者④，恶不孙以为勇者，恶讦以为直者⑤。"

题解

此章通过孔子和子贡的对答，对有悖道德规范的四种人和作风不正的三种人进行了揭露和斥责。由此可见，君子虽然博爱但也有所憎恶，并非无原则、无是非地爱一切人的好好先生。

注释

①恶（wù）：厌恶。②流：晚唐以前的本子没有"流"字。③窒（zhì）：阻塞，不通事理，顽固不化。④徼（jiāo）：抄袭。⑤讦（jié）：攻击、揭发别人。

译文

子贡问："君子也有憎恶的人或事吗？"孔子说："是有所憎恶的。憎恶宣扬他人过错的人，憎恶身居下位而毁谤身居上位的人，憎恶勇敢而无礼的人，憎恶果敢而顽固不化的人。"孔子问："赐，你也有憎恶的人和事吗？"

子贡说："我憎恶抄袭他人之说而自以为聪明的人，憎恶把不谦逊当作勇敢的人，憎恶揭发他人的隐私却自以为直率的人。"

子曰："唯女子与小人为难养也，近之则不孙，远之则怨。"

题解

此章孔子的话引起了很多人的讨论和非议。这不能用宣扬了"男尊女卑""夫为妻纲"的男权思想去理解，而是孔子对于当时的社会经验的一种总结。与小人和女子相处，对他们亲密，他们就容易过分随便无礼；而稍一疏远，便埋怨不已。

孔子认为女子是不容易相处的人。

译文

孔子说："只有女子和小人是不容易相处的。亲近了，他们就会无礼；疏远了，他们就会怨恨。"

子曰："年四十而见恶焉①，其终也已②。"

题解

孔子的这句话是在勉励人们及时改过迁善，否则，到了本该人生成熟并不惑的四十岁时还为人所厌恶，便为时已晚了。

注释

①见：被。②已：止，尽。

译文

孔子说："年已到了四十还被众人所厌恶，他这一辈子也就算完了。"

微子篇第十八

微子去之①，箕子为之奴②，比干谏而死③。孔子曰："殷有三仁焉。"

题解

微子、箕子、比干都有忧国忧民的仁者之心和为国献身的精神，故孔子称之为"仁"。纣王无道，他的同母兄弟微子对他进行劝谏他不听，微子不忍心亲眼看见国家衰败，于是只身离开了殷商。后来武王立朝，微子向他讲解治国之道，并被封为诸侯。他以天下百姓为念，不局限于为某一个朝代尽忠。箕子、比干都是纣王的叔父，他们尽忠直谏，纣王不听，将箕子囚禁，降为奴隶，将比干剖心。这三个人都是身处乱世而以不同方式尽忠，故孔子赞之。

注释

①微子：名启，商纣王的同母兄弟。微子出生时，他母亲还未被正式立为帝妻，纣是母亲立为帝妻后所生，故纣得以继承王位。②箕子：纣王的叔父。纣王暴虐无道，箕子曾向他进谏，纣王不听，箕子便假装发疯，被降为奴隶。③比干：也是纣王的叔父。他竭力劝谏纣王，被纣王剖心而死。

译文

微子离开了商纣王，箕子做了他的奴隶，比干强谏被杀。孔子说："殷朝有三位仁人！"

柳下惠为士师①，三黜。人曰："子未可以去乎？"曰："直道而事人，焉往而不三黜？枉道而事人，何必去父母之邦？"

题解

柳下惠是个正直的、有能力的贤人，孔子对他评价很高。这里孔子以十分沉痛的语气，道出了当时官场的腐败，既然到处都一样，还不如就留在生养自己的父母之邦。

注释

①士师：官名，主管刑罚。

译文

柳下惠担任掌管刑罚的官，多次被罢免。有人问："您不可以离开鲁国吗？"他说："用正直之道来侍奉人，去哪里而能不被多次罢免呢？不用正直之道来侍奉人，又为什么一定要离开故国家园呢？"

齐景公待孔子[1]，曰："若季氏[2]，则吾不能，以季、孟之间待之[3]。"曰："吾老矣，不能用也。"孔子行。

题解

此章表明了齐景公在使用孔子的态度上是反复无常的。他本来很想重用孔子，欲以上卿和下卿之间的礼遇待之，但却遭到大臣的反对，于是便说：我已经老了，不能有所作为了。孔子自知"道"不能行，只好离开齐国。

齐景公见孔子。

注释

①齐景公：齐国的国君。②季氏：鲁国的大夫，位居上卿。③孟：指孟孔氏，鲁国的大夫，位居下卿。

译文

齐景公谈到怎样对待孔子时说："像鲁国国君对待季氏那样对待孔子，那我做不到；只能用低于季氏而高于孟氏的规格来对待他。"不久又说："我老了，不能用他了。"孔子就离开了齐国。

齐人归女乐[①]，季桓子受之[②]，三日不朝，孔子行。

题解

此章说明尽管孔子以礼治国的愿望十分迫切，但他还是坚持原则的。季桓子因齐人女乐而怠慢政事，其怠慢贤人抛弃礼制的行为令孔子痛心不已。所以孔子只好离开鲁国，而作他乡之游。

注释

①归（kuì）：通“馈”，赠送。②季桓子：季孙斯，鲁国的执政上卿。

译文

齐国人赠送鲁国一批歌女乐师，季桓子接受了，好几天不上朝，孔子就离开了鲁国。

长沮、桀溺耦而耕[①]，孔子过之，使子路问津焉[②]。长沮曰：“夫执舆者为谁[③]？”子路曰：“为孔丘。”曰：“是鲁孔丘与？”曰：“是也。”曰：“是知津矣[④]。”问于桀溺，桀溺曰：“子为谁？”曰：“为仲由。”曰：“是鲁孔丘之徒与？”对曰：“然。”曰：“滔滔者天下皆是也，而谁以易之[⑤]？且而与其从辟人之士也[⑥]，岂若从辟世之士哉。”耰而不辍[⑦]。子路行以告。夫子怃然曰[⑧]：“鸟兽不可与同群，吾非斯人之徒与而谁与？天下有道，丘不与易也。”

题解

此章亦是隐者对孔子的劝谕，孔子尊敬这些避世隐居、洁身自好的人，同时也说明自己积极入世的理由。最后一段的回答反映了孔子希望天下清平，所以积极入世，以及欲拯救斯民于水火的人道主义情怀。

注释

①长沮、桀溺：两位隐士，真实姓名和身世不详。耦而耕：两个人合力耕作。②津：渡口。③执舆：执辔（揽着缰绳）。此本是子路的任务，因为子路下车去问渡口，暂时由孔子代替。④是知津矣：这话是认为孔子周游列国，应该熟悉道路。⑤谁以易之：与谁去改变它呢。以，与。⑥而：同“尔”，你，指子路。辟：通“避”。

⑦耰（yōu）：播下种子后，用土覆盖上，再用耙将土弄平，使种子深入土里，鸟不能啄，这就叫耰。⑧怃（wǔ）然：失意的样子。

子路问津于长沮、桀溺。

译文

长沮和桀溺并肩耕地，孔子从他们那里经过，让子路去打听渡口在哪儿。长沮说："那个驾车的人是谁？"子路说："是孔丘。"长沮又问："是鲁国的孔丘吗？"子路说："是的。"长沮说："他应该知道渡口在哪儿。"子路又向桀溺打听，桀溺说："你是谁？"子路说："我是仲由。"桀溺说："是鲁国孔丘的学生吗？"子路回答说："是的。"桀溺就说："普天之下到处都像滔滔洪水一样混乱，和谁去改变这种状况呢？况且你与其跟从逃避坏人的人，还不如跟从逃避污浊尘世的人呢。"说完，继续不停地用土覆盖播下去的种子。子路回来告诉了孔子。孔子怅然若失地说："人是不能和鸟兽合群共处的，我不和世人在一起又能和谁在一起呢？如果天下有道，我就不和你们一起来改变它了。"

逸民：伯夷、叔齐、虞仲、夷逸、朱张、柳下惠、少连[①]。子曰："不降其志，不辱其身，伯夷、叔齐与！"谓柳下惠、少连："降志辱身矣，言中伦[②]，行中虑，其斯而已矣。"谓虞仲、夷逸："隐居放言[③]，身中清[④]，废中权[⑤]。我则异于是，无可无不可。"

题解

此章是孔子对历史和当代七位逸民做出的评价。他特别赞许伯夷、叔齐"不降其志，不辱其身"的表现，反映了他对个人的独立人格的崇尚。他将自己与这些高尚的逸民相比拟，说自己"无可无不可"，意即可以仕则仕，可以止则止。可见孔子不拘泥于一种形态，善于变通，因时制宜，有着较大的灵活性。

注释

①逸：隐逸，隐居。伯夷、叔齐、柳下惠皆见前。虞仲、夷逸、朱张、少连四人身世无从考，从文中意思看，当是没落贵族。②中（zhòng）：符合。③放言：放肆直言。④身中清：立身清白。清，清白。⑤废中权：弃官合乎权宜。废，放弃。权，权宜。

译文

隐居不做官的人有：伯夷、叔齐、虞仲、夷逸、朱张、柳下惠、少连。孔子说："不降低自己的志向，不辱没自己的身份，就是伯夷和叔齐吧！"又说："柳下惠、少连降低了自己的志向，辱没了自己的身份，但言语合乎伦理，行为经过考虑，也就是如此罢了。"又说："虞仲、夷逸避世隐居，放肆直言，立身清白，弃官合乎权宜。我就和他们不一样，没有什么可以，也没有什么不可以。"

孔子评论古之隐者与贤士。

周公谓鲁公曰[①]："君子不施其亲[②]，不使大臣怨乎不以。故旧无大故，则不弃也。无求备于一人。"

题解

周公对鲁公伯禽的训诫所言可能在鲁国流传，孔子又向弟子们转述。君子不疏远他的亲族，不使大臣抱怨不获任用，不遗弃无重大罪过的老朋友，不对一个人求全责备，用人办事，取其专长即可。这是古代贤君为政经验的总结。

注释

①鲁公：指周公之子，鲁国始封之君伯禽。②施（chí）：通“弛”，疏远的意思。

译文

周公对鲁公说：“一个有道的国君不疏远他的亲族；不使大臣怨恨没有被任用；故旧朋友如果没有大的过错，就不要抛弃他们；不要对一个人求全责备。”

周有八士：伯达、伯适、仲突、仲忽、叔夜、叔夏、季随、季騧[1]。

题解

此章记述周代贤士众多，旨在说明国家兴亡的关键在于任用贤人。

注释

①适：音kuò。騧：音guā。八人事迹不详。有人认为，周朝有位良母，她四胎生了八个双生子，都是有名的士，后来都当了大官。

译文

周朝有八个著名的士人：伯达、伯适、仲突、仲忽、叔夜、叔夏、季随、季騧。

周朝有八位贤士。

子张篇第十九

子张曰："士见危致命，见得思义，祭思敬，丧思哀，其可已矣。"

题解

子张这句话乃是总结了孔子的思想，提出了作为一个合格的士所必须具备的四条标准。

译文

子张说："士人看见危险肯献出生命，看见有所得就想想是否合于义，祭祀时想到恭敬，服丧时想到悲痛，做到这些就可以了。"

子张曰："执德不弘，信道不笃，焉能为有？焉能为亡？"

题解

此章强调了全面的道德修养是一个人的价值基础。履行道却不宽广，则德孤；能闻道却不能笃守坚持，则道废。

译文

子张说："执行德却不能弘扬它，信奉道却不笃定，这样的人可有可无。"

子夏之门人问交于子张。子张曰："子夏云何？"对曰："子夏曰：'可者与之①，其不可者拒之。'"子张曰："异乎吾所闻：君子尊贤而容众，嘉善而矜不能。我之大贤与，于人何所不容？我之不贤与，人将拒我，如之何其拒人也？"

题解

本章讲述的是与人交往之道。在《论语》中，对同一个问题，因提问者不同，孔子的回答也会不一样，此章便说明了这一情况。子夏注重个体修养，见恶如探汤，唯恐避之不及，故其教门人交友要谨慎选择，也可以看出子夏的清高和孤傲。子张善于与各种人结交，他的交友之道为宽容包涵。

注释

①与："可者与之"的"与"是相与、交往的意思，后两个"与"字是语气词。

译文

子夏的门人向子张请教怎样交朋友。子张说："子夏说了什么呢？"子夏的学生回答说："子夏说：'可以交往的就和他交往，不可以交往的就拒绝他。'"子张说："这和我所听到的不一样！君子尊敬贤人，也能够容纳众人，称赞好人，怜悯无能的人。如果我是个很贤明的人，对他人有什么不能容纳的呢？如果我不贤明，他人将会拒绝我，我怎么能去拒绝他人呢？"

子夏曰："日知其所亡，月无忘其所能，可谓好学也已矣。"

题解

此章讲的是学习方法。学习并非一蹴而就，而是需要不断地积累，才有可能有所成就，或有所创见。子夏所说的好学，是要不断地吸收新知识，又要坚持温习旧知识，也就是孔子所说的"温故而知新"。

译文

子夏说："每天知道自己以前所不知道的，每月不忘记以前已学会的，就可以说是好学了。"

子夏曰："博学而笃志，切问而近思，仁在其中矣。"

题解

这一章子夏提出博学、笃志、切问、近思四项，都是理论联系实际、言行一致的自我修养的方法。

译文

子夏说："广泛地学习并且笃守自己的志向，恳切地提问并且常常思考眼前的事，仁就在这中间了。”

子夏曰：“百工居肆以成其事，君子学以致其道。”

题解

本章谈的也是劝人努力学习的问题。社会有分工，人各有其志，百工在各自的作坊里兴作以营生，君子也必须通过努力的学习才能“致其道”。

译文

子夏说：“各行各业的工匠在作坊里完成他们的工作，君子则通过学习来掌握道。”

子夏曰：“小人之过也必文[①]。”

题解

孔子也说过“过而不改，是谓过矣”。小人的一大特点就是不想改正自己的过错，在面对他人的指责时，必会以不实的言语来掩饰自己的过失，好像自己毫无过失一样。

注释

①文（wèn）：掩饰。

译文

子夏说：“小人犯了错误一定会加以掩饰。”

子夏曰：“君子有三变：望之俨然[①]，即之也温[②]，听其言也厉。”

题解

子夏此话是对孔子仪容风度的基本概括。远处望见他，显得端庄威严；接近他时，觉得温和可亲；听他说话，言辞严谨不苟，孔子的风度是自然的。

注释

①俨然：庄严的样子。②即：接近。

译文

子夏说："君子会使人感到有三种变化：远远望去庄严可畏，接近他时却温和可亲，听他说话则严厉不苟。"

子夏曰："君子信而后劳其民，未信则以为厉己也。信而后谏，未信则以为谤己也。"

题解

取信于民是孔子对为政者的基本要求，也是基本的治国之道。子夏认为，君子使民、役君，都要以信为先。不能取得他们的信任，民众就会有抵触心理，以为在虐待他们；君主会把忠言进谏当成对自己的毁谤。

子夏认为，君子应该在得到民众的信任之后才去役劳他们。

译文

子夏说："君子在得到民众的信任之后才去役劳他们；没有得到信任就去役劳，民众就会认为是在虐害他们。君子得到君主的信任之后才去进谏；没有得到信任就去进谏，君主就会以为是在诽谤自己。"

子夏曰："大德不逾闲，小德出入可也。"

题解

此章反映了儒家既坚持仁德的基本原则，又不排斥变通的思想。

译文

子夏说："大的道德节操上不能逾越界限，在小节上有些出入是可以的。"

子夏曰："仕而优则学，学而优则仕。"

题解

子夏这段讲学与仕之间的关系的话，从一个侧面概括了孔子的教育方针和办学目的，也成为中国历史上影响最大的传统思想之一。

译文

子夏说："做官仍有余力就去学习；学习成绩优异就去做官。"

子夏主张，学习成绩优异就去做官。

子游曰："丧致乎哀而止①。"

题解

此章子游的意思是说，居丧，一方面要尽哀，另一方面不宜因过于哀痛而伤害身体。这是对孔子所提倡的丧礼的发展，注重在丧礼中的内心真诚的情感，却又不过度。

注释

①丧：居丧。止：足，可以。

译文

子游说："居丧充分表达了哀思就可以了。"

子游曰："吾友张也为难能也，然而未仁。"

题解

此章意思是说，子张的仪表和德业都非常出众，但还达不到仁的境界，其目的是在鼓励朋友。

译文

子游说："我的朋友子张（在仪表和德业上）是难能可贵的，然而还没有达到仁的境界。"

曾子曰："堂堂乎张也，难与并为仁矣。"

题解

此章是曾子对子张的评价，说明仁的境界难以达到。

译文

曾子说："仪表堂堂的子张啊，很难和他一起做到仁。"

曾子曰："吾闻诸夫子，孟庄子之孝也①，其他可能也，其不改父之臣与父之政，是难能也。"

题解

本章中的孟庄子这种尽孝，表现出以国事为重的高尚品质。

注释

①孟庄子：名速，鲁国大夫，孟献子的儿子。

译文

曾子说："我听老师说过，孟庄子的孝，其他方面他人可以做到，而他不改换父亲的旧臣和父亲的政治措施，这是他人难以做到的。"

子贡曰："纣之不善[1]，不如是之甚也。是以君子恶居下流，天下之恶皆归焉。"

题解

本章中子贡的意思是说，舆论对一个人的评价往往带有一种从众的"惯性"：说某人好，要说得比某人实际做的还要好；说某人坏，则要说得比某人实际做的还要坏。因此警诫君子要注重修身，不要居于下流。

子贡论纣王之恶。

注释

①纣：商朝最后一个君主，是有名的暴君。

译文

子贡说："商纣王的无道，不像现在流传得那么严重。所以君子忌讳身染污行，因为一沾污行，天下的坏事就都归集到他身上去了。"

子贡曰："君子之过也，如日月之食焉：过也，人皆见之；更也，人皆仰之。"

题解

此章以日食月蚀的变化为喻，赞扬了君子不像文过饰非的小人，不隐瞒和掩盖过错，又能公开改正过错的光明磊落的态度和胸襟。

译文

子贡说："君子的过失，就像日食和月食一样：有过错时，人人都看得见；他改正了，人人都仰望他。"

叔孙武叔语大夫于朝[1]，曰："子贡贤于仲尼。"子服景伯以告子贡[2]。子贡曰："譬之宫墙，赐之墙也及肩，窥见室家之好。夫子之墙数仞，不得其门而入，不见宗庙之美，百官之富[3]。得其门者或寡矣。夫子之云，不亦宜乎！"

题解

此章表明孔子的思想平凡而伟大，看似都是平常的话，但是内涵极其丰富，闪耀着真理的光辉。弟子们入其门，无不服膺，都努力将其发扬光大。而那些不得其门而入的人，大概就会像叔孙武叔那样口出不察之言。

叔孙武叔认为子贡比孔子更贤能。

注释

①叔孙武叔：鲁国大夫，名州仇，"武"是他的谥号。②子服景伯：名何，鲁国的大夫。③官：这里指房舍。

译文

叔孙武叔在朝廷上对大夫们说："子贡比仲尼更强些。"子服景伯把这话告诉了子贡。子贡说："就用围墙做比喻吧，我家围墙只有齐肩高，从墙外可以看到里面房屋的美好。我老师的围墙有几仞高，找不到大门走进去，就看不见里面宗庙的雄美、房屋的富丽。能够找到大门的人或许太少了。所以叔孙武叔先生那样说，不也是很自然的吗？"

陈子禽谓子贡曰："子为恭也，仲尼岂贤于子乎？"子贡曰："君子一言以为知[1]，一言以为不知，言不可不慎也。夫子之不可及也，犹天之不可阶而升也。夫子之得邦家者[2]，所谓立之斯立，道之斯行[3]，绥之斯来，动之斯和。其生也荣，其死也哀，如之何其可及也？"

题解

此章也是子贡批评他人贬低孔子而抬高自己的问答录。子贡衷心地敬慕爱戴孔子，在为孔子所作的辩护中，将孔子比作上天，活着时充满荣光，死后令人怀念，他人是不可企及的。

注释

①知（zhì）：通“智”。②邦：诸侯统治的地区。家：卿大夫统治的地区。③道（dǎo）：同“导”，引导，教化。

译文

陈子禽对子贡说：“你太谦恭了，仲尼岂能比你更有才能？”子贡说：“君子一句话可以表现出聪明，一句话也可以表现出不聪明，所以说话不可以不慎重。我的老师没人赶得上，就好像青天无法通过阶梯登上去一样。假如老师去治理国家的话，说要立于礼，百姓就立于礼；引导百姓，百姓就跟着实行；安抚百姓，百姓就会来归服；动员百姓，百姓就会协力同心。他活着时荣耀，死了令人哀痛，他人怎么可能赶得上他呢？”

子贡与陈子禽谈论孔子。

尧曰篇第二十

尧曰："咨[①]！尔舜！天之历数在尔躬。允执其中[②]。四海困穷，天禄永终。"舜亦以命禹。

曰："予小子履[③]，敢用玄牡，敢昭告于皇皇后帝：有罪不敢赦。帝臣不蔽，简在帝心[④]。朕躬有罪，无以万方；万方有罪，罪在朕躬。"

周有大赉[⑤]，善人是富。"虽有周亲，不如仁人。百姓有过，在予一人[⑥]。"

谨权量[⑦]，审法度[⑧]，修废官，四方之政行焉。兴灭国，继绝世，举逸民，天下之民归心焉。

所重：民，食，丧，祭。

宽则得众，信则民任焉[⑨]，敏则有功，公则说。

题解

本章这几段文字，记述了从帝尧命舜以来历代先圣、先王的遗训。夏商相继，周武王伐纣誓师之辞，都在其中。孔子认为君主应当特别重视民，食，丧，祭。孔子对三代以来先王的美德善政十分向往。他的理想政治也是宽得众，敏有功，民信任。

注释

①咨：即"啧"，感叹词，表示赞美。②允：诚信。③履：商汤的名。④简：有两种解释：一是阅，计算，引申为明白的意思；二是选择。⑤赉（lài）：赏赐。⑥"虽有"四句：是周武王伐纣之辞。周亲，至亲。⑦权：秤锤，指量轻重的标准。量：斗斛，指量容积的标准。⑧法度：量长度的标准。⑨信则民任焉：汉行经无此五字，有人说是衍文。

译文

尧说："啧啧！你舜啊！按照上天安排的次序，帝位要落到你身上了，你要真诚地执守中正之道。如果天下的百姓贫困穷苦，上天给你的禄位也就永远终止了。"舜也这样告诫禹。

尧帝对舜帝谆谆教诲。

商汤说："我履谨用黑色的公牛作为祭品，明白地禀告光明伟大的天帝：有罪的人我不敢擅自赦免。您的臣仆的罪过我也不敢掩盖隐瞒，这是您心中知道的。我本人如果有罪，不要牵连天下万方；天下万方有罪，罪责就在我一个人身上。"

周朝实行大封赏，使善人都富贵起来。周武王说："虽然有至亲，也不如有仁人。百姓有罪过，罪过都在我一人身上。"

谨慎地检验并审定度量衡，恢复废弃了的职官，天下四方的政令就会通行。复兴灭亡了的国家，承续已断绝的宗族，提拔被遗落的人才，天下的百姓就会诚心归服。

所重视的是：民众，粮食，丧礼，祭祀。

宽厚就会得到众人的拥护，诚恳守信就会得到民众的信任，勤敏就能取得功绩，公正则大家心悦诚服。

子曰："不知命，无以为君子也[①]。不知礼，无以立也。不知言[②]，无以知人也。"

题解

这是《论语》最后一章，孔子再次向君子提出了立身处事世的三点要求，即“知命”“知礼”“知言”，表明孔子对于塑造具有理想人格的君子有高度期待，他希望有合格的君子来齐家治国平天下。

注释

①无以：“无所以”的省略。②知言：善于分析别人的言语，辨别其是非善恶。

译文

孔子说：“不懂得天命，就不可能成为君子；不懂得礼，就没有办法立身处世；不知道分辨他人的言语，便不能了解他人。”

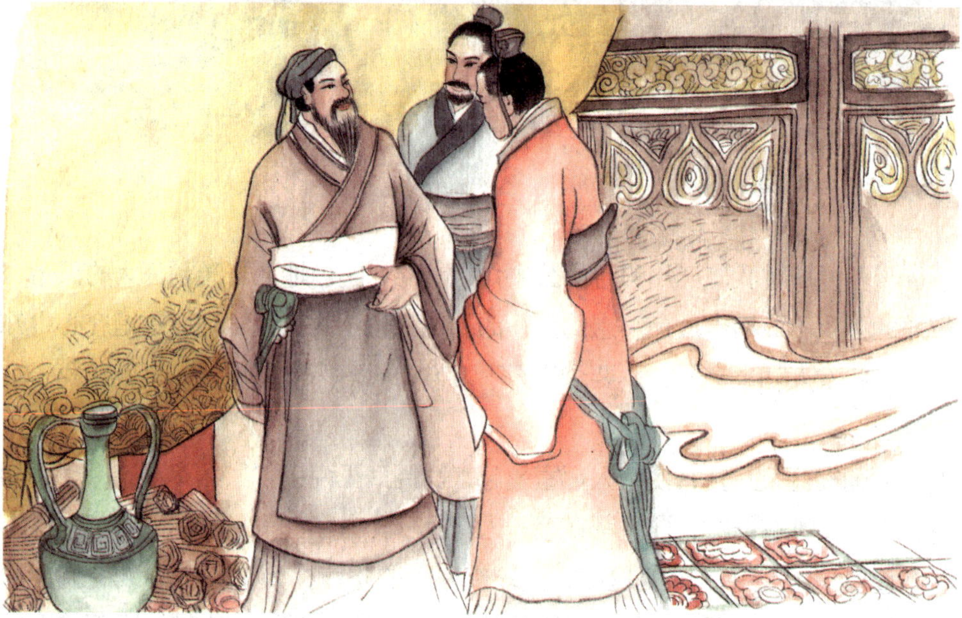

孔子阐明做君子立身处世的三点要求。